Jakob Oertli

Schamanisches Praxisbuch

Für Judith

Jakob Oertli

Schamanisches
Praxisbuch

Das Tor zu Lebenskraft,
Erfolg und Freiheit

Langen Müller

Bildnachweis:

Zeichnungen: Jakob Oertli

Erklärungen zu den Abbildungen:

Umschlagbild: Schamanische Symbole stellen den Kontakt zur spirituellen Welt her. Sie unterstützen damit den eigenen Weg in die Freiheit.

Vor- und Nachsatz: Diese Symbole basieren auf indianischen Felszeichnungen des Südwestens der USA, hier nach Fred Hirschmann und Scott Thybony, Rockart of the American Southwest. Portland, Oregon 1994

3. Auflage Oktober 2004 – Sonderproduktion

Gedruckt auf chlorfrei gebleichtem Papier

© 1996 und 2002 F. A. Herbig Verlagsbuchhandlung GmbH, München
Alle Rechte vorbehalten
Schutzumschlaggestaltung: Wolfgang Heinzel
Produktion und Satz: VerlagsService Dr. Helmut Neuberger
& Karl Schaumann GmbH, Heimstetten
Gesetzt aus 11/13 Punkt Optima in PostScript
Druck: Jos. C. Huber GmbH, Garching
Binden: Buchmanufaktur Oldenbourg
Printed in Germany
ISBN 3-7844-2594-1

Inhalt

Schönheit sei vor mir.
Schönheit sei hinter mir.
Schönheit sei unter mir.
Schönheit sei über mir.
Schönheit sei um mich.
In Schönheit ist es vollendet.

Zeremonialgesang der Navajo-Indianer

1 Der Schamanismus als Urkraft

Die Geschichte ist auf Anhieb schwer zu glauben: Nach dem Zweiten Weltkrieg beschloß *Wallace Black Elk*, ein Schamane der Lakota-Indianer in South Dakota, USA, sich mit den spirituellen Erkenntnissen und speziellen Heilmethoden seines Stammes an die Öffentlichkeit zu wenden. Er wurde umgehend als psychisch krank erklärt und in eine psychiatrische Klinik eingeliefert. Da er sich dagegen mit Händen und Füßen zur Wehr setzte, wurde er dort in eine besondere Schutzzelle gesperrt, um eine Flucht zu verhindern. Wenige Stunden danach fanden ihn die Ärzte jedoch friedlich im Klinikareal spazierend.

Verständlicherweise waren die Ärzte fassungslos, da sie sich sein Entkommen auf keine Art und Weise erklären konnten. Das Ereignis beschäftigte die Ärzte derart, daß sie verschiedenste Ein- und Ausbruchexperten zu Rate zogen, die selbst aus der Zelle zu fliehen versuchten. Ihre Anstrengungen blieben erfolglos, Black Elks Entkommen war und blieb für sie unerklärlich.

Natürlich wurde auch Black Elk verhört, der den Ärzten und Experten berichtete:»Es kam ein Geist zu mir und sagte: ›Du hast Dich immer für das Gute bei den Menschen eingesetzt. Komm, ich werde Dich nach draußen führen.‹« Und so sei er eben dem Geist gefolgt …

Natürlich kaufte ihm niemand seine Erklärung ab – er war ja schließlich verrückt.

Unglaubliche Phänomene

Von anderen Schamanen sind ähnlich spektakuläre Ereignisse bekannt: *Rolling Thunder*, ein Indianer-Schamane aus Nevada, ließ es mehrmals mitten in der Wüste regnen, konnte während einer Autofahrt einen noch lange nicht sichtbaren großen Vogel auf der Straße voraussagen oder heilte innerhalb weniger Stunden eine stark entzündete Beinwunde … *Serge King* aus Hawaii gelang es gemeinsam mit einer Gruppe von Schamanen eine große Flutwelle, die von Alaska aus die Hawaii-Inseln bedrohte, abzuschwächen und unschädlich zu machen und ferner tropische Stürme, welche die Küste der USA bedrohten, umzulenken … *Medicine Grizzly Bear Lake* aus Kalifornien wurde mehrmals offiziell für tot erklärt und ist doch jedesmal wieder ins Leben zurückgekehrt … *Stalking Wolf*, ein Apache aus Arizona, konnte wochenlang ohne Wasser in der Wüste auskommen und stürzte einmal von einer hohen Felswand, ohne sich dabei zu verletzen …

Von anderen Schamanen wird berichtet, daß sie die Zeit verlängern oder verkürzen, oder daß sie sich durch feste Gegenstände hindurch bewegen können.

Was sind Schamanen?

Was sind das für Leute, die sich Schamanen nennen und solch spektakuläre und schwer zu glaubende Taten vollbringen können? Was ist von diesen Ereignissen zu halten? Was steckt dahinter? Woher holen sie die nötige

Kraft? Können auch ganz normale Leute solche Handlungen ausführen? Wozu können moderne Mitteleuropäer schamanische Techniken verwenden?

All diese Fragen werden auf den folgenden Seiten erläutert. Zu Beginn mag vieles überraschen, aber Sie werden anhand der Übungsbeispiele schnell erkennen, wie Sie selbst viele anfänglich merkwürdig erscheinende Phänomene erleben und mit diesen Urkräften arbeiten können.

Was also sind Schamanen? Um die erwähnten Handlungen vollbringen zu können, müssen sich diese Menschen offensichtlich nicht unseren physikalischen Gesetzen unterwerfen. Es gelingt ihnen, unsere normalen Voraussetzungen zu umgehen, indem sie in eine Realität mit völlig anderen Eigenschaften als die uns vertrauten eingehen. In dieser anderen Realität – ich werde sie von nun an **spirituelle Welt** nennen – sind unsere naturwissenschaftlichen Gesetze bestenfalls Spezialfälle, normalerweise gelten sie nicht. So muß die Erdanziehungskraft also nicht mehr zwangsläufig wirksam sein und die Zeit nicht linear ablaufen; auch ist unsere ganze Umgebung von Leben erfüllt, alles hat ein Bewußtsein, so daß Tiere, Pflanzen und sogar Steine und Wasser mit uns kommunizieren können.

Wenn das wie ein Märchen tönt, ist dies kein Zufall, denn diese Geschichten mit ihren Geistern, Feen, Nixen und Gnomen sind eine Möglichkeit, die spirituelle Welt zu beschreiben.

Die spirituelle Welt ist eng mit unserer normalen, alltäglichen Welt – ich nenne sie die **physikalische Welt** – verknüpft. Deshalb haben Ereignisse in der einen Welt jeweils einen Einfluß auf die andere Welt. Genau dies machen sich die Schamanen zunutze: Vor ein Problem gestellt, wählen sie jeweils diejenige Welt, in der das Problem am einfachsten gelöst werden kann und erwarten aufgrund der Verknüpfung einen Effekt in der anderen Welt. Das Ziel wird also gewissermaßen über einen Umweg erreicht. Zum Verständnis ein Beispiel: Möchte ein Schamane einen schweren Stein bewegen, begibt er sich dazu in die spirituelle Welt, weil dort die Erdanziehungskraft nicht mehr gilt. Dort kann er ohne physikalische Kraftanwendung den Stein bewegen. Gelingt ihm das auf die richtige Weise, hat dies zur Folge, daß sich der Stein in der physikalischen Welt ebenfalls bewegt.

Ein Schamane ist also jemand, der die Fähigkeit hat, *sowohl in der physikalischen wie auch in der spirituellen Welt zu handeln,* um dadurch gewünschte Ziele effektiver zu erreichen. Im Gegensatz zu vielen Schizophrenen oder Drogenabhängigen – welche ebenfalls den Kontakt zur spirituellen Welt suchen –, kann ein Schamane jederzeit aus eigenem Willen von der einen in die andere Welt wechseln: Er behält seine Situation ständig unter Kontrolle.

Schamanen legen Wert darauf, sich den größten Teil der Zeit in der physikalischen Welt aufzuhalten. Für sie ist die alltägliche Welt wichtiger, auch wenn die andere unglaublich faszinierend und spektakulär ist. Meist sieht man deshalb einem Schamanen seine Fähigkeiten nicht an; sie sehen aus wie du und ich und gehen einer ganz normalen Tätigkeit nach:

Lame Deer (alltäglicher Name: John Fire) arbeitete unter anderem als landwirtschaftlicher Arbeiter, Schafhirt und Rodeo-Reiter, *Rolling Thunder* (John Pope) war lange Zeit Bremser bei der Eisenbahn, und schließlich versuche auch ich als Ingenieur für Lärmschutzfragen bei den Schweizerischen Bundesbahnen einer geregelten Tätigkeit nachzugehen.

Der Kontakt mit der spirituellen Welt ist also nie Selbstzweck, sondern dient immer einem Problem der physikalischen Welt.

10

Wann nutzen Schamanen die spirituelle Welt?

Wir haben gesehen: die spirituelle Welt hilft dem Schamanen, die physikalische Welt besser zu meistern. Aber wie sieht diese spirituelle Hilfe aus? Hier einige Möglichkeiten:

● **Beschaffung von Information:** Die spirituelle Welt kann Auskünfte von großem Wert vermitteln, die in der physikalischen Welt gar nicht oder nur mit sehr großem Aufwand zu erfahren sind. Früher verwendeten Schamanen diese Möglichkeit beispielsweise dazu, den Aufenthaltsort von Beutetieren oder die Verwendungsmöglichkeiten von Pflanzen zu erfassen. Heute werden so Informationen über aktuelle Probleme beschafft: die Ursache und Heilungsmöglichkeiten von Krankheiten; die Möglichkeiten zur Verminderung von Streß bei der Arbeit; die Erschließung von neuen Geldquellen bei finanziellen Schwierigkeiten oder der Grund von Konflikten mit anderen Personen. Sehr interessant sind natürlich auch Auskünfte, welche die Zukunft (Wird mein Projekt gelingen?) oder die Vergangenheit (Was erlebte ich als Säugling?) betreffen.

● **Schnellerer Weg zum Ziel:** Der Schamane erlangt sein Ziel vorerst in der spirituellen Welt, wo er – wie wir gesehen haben – nicht an alltägliche Einschränkungen gebunden ist. Dadurch wird mit der Zeit in der physikalischen Welt ebenfalls die Gelegenheit zum Erreichen des Zieles geboten.

Will ein Schamane also eine Prüfung bestehen, stellt er vorerst in der spirituellen Welt einen Zustand her, in der er die Prüfung bereits bestanden hat. Dadurch wird er in der physikalischen Welt die Möglichkeit erhalten, die Prüfung ebenfalls zu bestehen: Er wird das Richtige lernen und die richtigen Fragen gestellt bekommen.

- **Kraft schöpfen:** Die spirituelle Welt ist ein hervorragender Kraftspender. Wann immer ein Schamane besonders viel Kraft benötigt, ob körperliche (Jagd, Sport), seelische (Umgang mit Trauer, Angst oder Wut) oder geistige (Prüfungen), nimmt er mit der spirituellen Welt Verbindung auf.

Nach und nach werde ich Ihnen zeigen, wie auch Sie die Hilfe der spirituellen Welt anfordern können, um damit Ihr Leben zu erleichtern.

Ist Schamanismus eine Religion?

Schamanen sind natürlich nicht die einzigen, die spirituelle Kontakte pflegen; die meisten Religionen haben dies ebenfalls zum Ziel. Im Gegensatz zu ihnen bestehen im Schamanismus aber keine Doktrinen, er hat keine Kirchen, kein heiliges Buch und keine Priester, die uns sagen, was richtig ist und was nicht. Jedermann darf die Techniken anwenden und davon profitieren. Jedermann darf auch neue Techniken entwickeln und auf seine eigene Art spirituellen Kontakt suchen. Er ist frei, das zu wählen, womit er umgehen kann. Wichtig ist nur, daß er den spirituellen Kontakt findet und nicht wie.
Bei Religionen ist es umgekehrt: Es ist wichtig, wie der spirituelle Kontakt zustande kommt. Weicht jemand vom vorgeschriebenen Pfad ab, gehört er nicht mehr der betreffenden Religion an: Ein Christ, der nicht an Jesus glaubt, ist kein Christ. Ein Schamane hingegen kann an Jesus glauben, muß aber nicht.
Schamanismus ist demnach keine Religion, sondern vielmehr eine *Weltanschauung*. Dieses Weltbild ist im übrigen auch wesentlich älter als alle Religionen. Werfen wir deshalb einen Blick zurück.

Geschichtlicher Rückblick

Der Schamanismus ist vermutlich so alt wie die Menschheit selbst. Ursprünglich war diese Weltanschauung ein Hilfsmittel zur Jagd. Damals war es für das Überleben eines Stammes entscheidend, ob genügend Wild erbeutet werden konnte oder nicht. Die Steinzeit-Menschen merkten, daß sie mit schamanischen Methoden die Tiere besser auffinden und einfangen konnten. Die Erfolge bei der Jagd führten dann dazu, daß die Techniken auch in anderen Lebensbereichen angewandt wurden.

Die ersten europäischen Zeugnisse von Schamanen sind *Höhlenmalereien* wie die von Lascaux in Frankreich oder Altamira in Spanien. Diese Bilder stellen Schamanen im Trancezustand dar. Sie zeigen, wie sie ihre Körperform in der spirituellen Welt verändern können und beschreiben anhand von heute noch verwendeten Symbolen die schamanische Auffassung von Geburt, Leben und Tod.

Auch die europäischen Kulturen waren stark schamanisch geprägt: Die eindrucksvollen *Menhiranlagen* in England (Stonehenge) oder Frankreich (Carnac) wurden zu schamanischen Zwecken erstellt. Viele *griechische Sagen* enthalten schamanische Elemente: So begab sich Orpheus in eine spirituelle Welt, um die Seele seiner verstorbenen jungen Frau zu retten. Auch das Wesen der *keltischen Kultur* war stark durch Schamanen – die Druiden, wie sie sich nannten – geprägt. Sie wahrten die religiöse Lehre, übten sich in der Kunst der Weissagung und waren zugleich Richter, Heil- und Sternkundige. Ihre Macht und ihr Wissen verdankten sie der spirituellen Welt.

Die *Römer* stellten den Beginn des Untergangs des Schamanismus in Europa dar. Zu Beginn benutzten römische Priester noch gewisse schamanische Elemente, aber mit der Verbreitung des *Christentums* nahm dies ein allmähliches Ende.

Das Christentum – wie jede andere Religion auch – beinhaltet zwar viele schamanische Elemente (die »Wunder«, die Jesus vollbringt, entsprechen denjenigen eines Meister-Schamanen), es fehlt jedoch die für den Schamanismus so wichtige Freiheit des Geistes und des Glaubens.

Im Mittelalter gab es zwar noch ein gewisses Weiterleben schamanischer Techniken durch die Hexen, die im Gegensatz zum Volksaberglauben nicht nur Negatives leisteten. Mit der Hexenverfolgung wurde in Europa das schamanische Wissen dann größtenteils ausgerottet, lediglich in Form von Märchen und Volksglauben konnten gewisse Konzepte überleben.

In unserer modernen *westlichen Gesellschaft* ist der Schamanismus nicht mehr institutionalisiert. Die Aufgaben werden heute von Ärzten, Psychologen, Künstlern, Clowns, Priestern und ähnlichen wahrgenommen, jedoch wird das zentrale Element – der Einstieg in die spirituelle Welt – weggelassen. Statt dessen haben wir mit unserer Technologie einen Ersatz-Schamanismus entwickelt. Unsere Fernseher, unsere Computer mit ihren »virtual realities« und unsere Reisen in ferne Länder ersetzen vielerorts das Bedürfnis der Menschen, in eine Welt einzusteigen, in der andere Regeln herrschen.

Woher stammt unser schamanisches Wissen?

Da bei uns der Schamanismus so gut wie ausgestorben ist, müssen wir das Wissen von anderen Kulturen übernehmen und an unsere Verhältnisse anpassen. Auf der ganzen Welt zerstreut, haben sich da und dort schamanische Kulturen erhalten, von denen wir lernen können.

Am bekanntesten sind die Schamanen aus Sibirien und dem indianischen Nordamerika, obwohl sich Überreste schamanischer Kulturen auch auf den anderen Kontinenten halten konnten.

Das schamanische Wissen wurde zum Teil durch Anthropologen bekannt, welche die Kulturen untersuchten, aber vielmehr dadurch, daß viele – vor allem indianische – Schamanen sich interessierten modernen Menschen annahmen und diese ausbildeten.

Mein eigener schamanischer Weg ist einerseits von den nordamerikanischen Indianern stark beeinflußt (ich bin im Südwesten der USA aufgewachsen und habe viele Reisen in vom Schamanismus stark beeinflußte Gebiete dieses Landesteiles unternommen) und andererseits durch die europäische Tradition, die ich vor allem mit spirituellen Kontakten erfahren konnte. Wenn ich häufig Beispiele aus diesen Regionen erwähne, heißt dies jedoch nicht, daß nicht andere Kulturen hierzu genauso geeignet wären.

Sind Schamanen Männer oder Frauen?

Damit keine Mißverständnisse entstehen: Wenn ich immer von Schamanen in der männlichen Form spreche, sei an dieser Stelle noch kurz der Frage nachgegangen, ob der Schamanismus eine geschlechtsspezifische Angelegenheit ist. Nach der traditionellen Aufgabenteilung vieler Völker sind die Schamanen zwar tatsächlich zur Hauptsache männlich, vermutlich deshalb, weil der Schamanismus aus der Männerdomäne Jagd entstanden ist. Dies heißt aber ganz und gar nicht, daß Männer spirituelle Aufgaben besser bewältigen können als Frauen; es gibt weltweit genügend Beispiele, die das Gegenteil beweisen: So gibt es in Korea fast nur Schamaninnen, ebenso wie in gewissen Teilen Südostasiens oder Indiens. Meiner Ansicht nach kann das schamanische Handwerk genausogut von Männern wie von Frauen erlernt und ausgeführt werden.

Der Grund für die häufige Verwendung der männlichen Form hat also nicht mit einer geschlechtsspezifischen Bedeutung des Schamanismus zu tun, sondern dient lediglich der besseren Lesbarkeit.

Was bringt Ihnen der Schamanismus?

Wir haben in diesem Kapitel den Schamanismus bereits von verschiedenen Seiten kurz beleuchtet. In diesem Buch geht es aber vielmehr um Sie, den Leser. Ich möchte Ihnen zeigen, wie auch Sie von schamanischen Techniken profitieren können. Sie werden lernen, selbst in die spirituelle Welt einzutauchen und erfahren, wie Sie sich dort orientieren können. Dabei wird sicher manch eine Handlung Ihrerseits anderen unglaubwürdig erscheinen.

Ihren Mitbürgern Eindruck zu machen, ist aber nicht der Zweck des Schamanismus, sondern es geht darum, daß Sie Ihre eigenen Ziele – eine bessere Gesundheit, eine interessantere Arbeit, eine sauberere Umwelt zu haben oder gar globalen Frieden zu gestalten – schneller und einfacher erreichen können. Konkret werden Sie sehen, wie Sie

- **Entscheidungen besser fällen** können, indem Sie eine Vorahnung über die Zukunft und Kenntnisse von zusätzlichen Aspekten erfahren, an die Sie normalerweise nicht denken würden.
- **Umstände zu Ihren Gunsten beeinflussen** können, indem Sie in der spirituellen Welt darauf Einfluß nehmen.

- **sich selbst besser kennenlernen**, indem Sie Ihre Wünsche und Bedürfnisse und Ihre Stärken und Schwächen klarer erkennen können.
- **andere Menschen und deren Motive besser verstehen** und dadurch gezielter mit ihnen kommunizieren können.
- **Hindernisse überwinden** können und lernen, unüberwindbaren Hindernissen auszuweichen.
- **Streß vermindern**, indem Sie sich entspannen und unerwünschte innere und äußere Einflüsse, die Sie von Ihrem Ziel abhalten, vermeiden.

Bei der Anwendung der Techniken in diesem Buch werden Sie manchmal etwas Mut benötigen, denn Sie müssen Ihre normale alltägliche Realität verlassen und sich in Welten begeben, die nach ganz anderen Regeln funktionieren. Lassen Sie sich Zeit, versuchen Sie nicht gleich alles auf einmal aufzunehmen. Legen Sie hierzu das Buch ruhig auch einmal eine Zeitlang beiseite, damit Sie die verschiedenen Themen und Techniken auch richtig verdauen können.

Denken Sie bei allem immer daran: Schamanismus mag manchmal hart und herausfordernd sein, aber alles in allem muß er Spaß machen, sonst hat er keinen Sinn.

2 Die spirituelle Welt – Tätigkeitsfeld der Schamanen

Das Geheimnis der Schamanen liegt darin, daß sie es verstehen, in die spirituelle Welt zu reisen, um dort – unter ganz anderen Voraussetzungen, als wir es gewohnt sind – ihre Ziele sehr einfach und schnell zu verwirklichen. Ihre Handlungen in dieser anderen Welt können sie wiederum mit erstaunlichen Resultaten in unsere physikalische Welt übertragen. Der Schlüssel zum Schamanismus liegt also in dieser spirituellen Welt und in deren Verbindung mit unserem Alltag.

Wie sieht nun diese »andere« Welt aus? Wo ist sie? Welche Gesetzmäßigkeiten gelten dort? Um den Schamanismus zu verstehen und ihn anwenden zu können, müssen wir uns vorerst dieser Welt widmen. Das Ziel des folgenden Kapitels ist es, Ihnen diese Welt etwas näherzubringen. Um Ihnen ein Gefühl für die spirituelle Welt zu vermitteln, werde ich Ihnen drei Erlebnisberichte schildern, darauf aufbauend einige Grundsätze formulieren und »Landkarten« dieser Welt darstellen. Dieser Überblick gibt Ihnen eine Vorahnung von dem, was Sie in der anderen Welt antreffen werden, wenn wir dann eine erste gemeinsame Reise in die spirituelle Welt versuchen. Jedes der drei nachfolgenden Beispiele betrifft eine der hauptsächlichsten Anwendungsmöglichkeiten des Schamanismus, also

- **die Beschaffung von Information** (Ursachen und Heilungsmöglichkeiten anhaltender Magenschmerzen werden bestimmt),
- **den schnellen Weg zum Ziel** (Schamane bekommt seine Wunscharbeitsstelle),
- **das Schöpfen von Kraft** (spirituelle Welt unterstützt eine sportliche Tätigkeit).

Bei den nachfolgenden Erlebnissen wird Sie vieles erstaunen. Lassen Sie sich dadurch nicht ablenken, Sie sind ja erst am Beginn des Buches und werden später ähnliches erleben.

Beispiel 1: Ursachen und Heilungsmöglichkeiten von Magenschmerzen

Bei diesem ersten Beispiel handelt es sich um eine von mir selber erlebte Situation.

Ich trat in die spirituelle Welt ein und traf dort als erstes einen Bären, den ich bereits von früheren Reisen kannte und dem ich auch vertraute. Ich schilderte ihm, daß ich seit längerem unter Magenschmerzen litt, und bat ihn, mir zu helfen. Er ging auf meinen Wunsch ein und forderte mich auf, ihm in eine feuchte und glitschige Höhle zu folgen. Unser Weg in der Höhle führte bereits zu Beginn abwärts, wurde aber stetig steiler. Ich rutschte ab und zu aus, konnte mich jedoch meist wieder fangen. Auf einmal fiel der Tunnel so sehr ab, daß ich mich nicht mehr halten konnte und mitsamt dem Bären unaufhaltsam abwärts glitt. Eine beängstigende Angelegenheit, zudem war es stockfinster.
Plötzlich stürzte ich in brodelnd heißes Wasser. Ich wollte aufschreien, aber das Wasser sagte beruhigend: »Kei-

ne Angst, ich tue dir nichts, ich möchte dich waschen, damit du durchsichtig wirst.« Das Wasser kochte zwar nach wie vor, Schmerzen spürte ich jedoch keine. Im Gegenteil, das Wasser war sehr angenehm. Ich hatte natürlich immer noch Bedenken, aber der Bär beschwichtigte mich, nahm mich an der Hand und schwamm mit mir zu einer Steinplatte, die aus dem Wasser ragte. Oben auf der Steinplatte sah ich mich selbst sitzen. Wir stiegen aus dem dampfenden Wasser und näherten uns meinem Ebenbild. Dort sah ich, daß mein Bauch geschwollen und schwarz war, und als ich näher trat, stellte ich mit Entsetzen fest, wie es darin nur so von großen ekelerregenden Würmern wimmelte. Der Bär zog einen Wurm aus mir heraus und zeigte ihn mir: Der Wurm hatte den Kopf eines Menschen. Erschrocken stellte ich fest, daß er aussah wie jemand, den ich kannte. Ich glaubte, die Ursache meiner Magenschmerzen erkannt zu haben und begann mit großem Eifer, die Würmer aus mir zu entfernen. Ich war wütend über die Personen, die mich da so belagert hatten und wollte die Würmer zerstampfen. Der Bär hielt mich aber mahnend davon ab und zeigte mir, wie ich sie liebevoll zu entfernen und gleichzeitig die Würmer zu bitten hatte, mich nicht mehr zu befallen. Etwas widerwillig folgte ich seinen Anweisungen. Auf diese Weise gelang es mir jedoch nur, einige der Würmer endgültig zu entfernen, die anderen schnellten immer wieder zurück.

Nach einer Weile berührte der Bär meine Schulter und zeigte auf einen Adler, der geflogen kam. Mein Helfer sagte: »Geh du mit ihm.« Gleichzeitig packte mich der Adler und erhob sich mit mir in die Luft. Wir flogen quer durch die Decke der Höhle und stiegen höher und höher, bis wir auf einem Baum hoch in den Bergen landeten. Unten befand sich ein Wanderweg, und darauf sah ich mich beim Wandern. Anschließend flog der Adler mit mir zu einem anderen Baum, und als ich dort nach unten blickte, sah ich mich ausruhend an den Stamm lehnen. In der Folge zeigte der Adler mich noch joggend und schwimmend. Der Vogel fand dann, es sei Zeit für die Rückkehr, führte mich wieder in die Höhle mit der Steinplatte und trug mich zum Ausgang der glitschigen Höhle. Ich trat aus der Höhle und befand mich wieder in der physikalischen Welt.

Nach dieser schamanischen Reise stellte ich fest, daß es mir zwar besser ging, die Magenschmerzen jedoch nicht restlos verschwunden waren. Es war ja auch nicht mein Ziel gewesen, das Problem sofort zu lösen, sondern zunächst herauszufinden, weshalb ich unter Magenschmerzen litt und was ich dagegen unternehmen könnte. Das Erlebte war eine Informationsreise, bei der die spirituelle Welt mir Symbole zeigte, die es nun zu interpretieren galt:
Wie durch die nagenden Würmer dargestellt, lag die Ursache meiner Magenprobleme offensichtlich im zwischenmenschlichen Bereich, nämlich an der Aufdringlichkeit anderer Leute. Einzelne Würmer wegzuschicken nützte offenbar zu wenig; ich mußte meine offensichtlich »wurmstichigen« Grenzen stärken. Hierzu mußte ich mich viel mehr mir selbst widmen. Meine Grenzen konnten beispielsweise mit sportlicher Betätigung und Entspannung gestärkt und andere Leute so auf Distanz gehalten werden.
Vermutlich denken Sie jetzt darüber nach, ob es »drüben« immer so turbulent zugeht wie im vorangegangenen Beispiel geschildert. Nun, das muß nicht sein, obwohl es bei Informationsreisen gar nicht schlecht ist, denn so wird man »wachgerüttelt«. Die spirituelle Welt ist aber fair und paßt sich den Reisenden an; falls Sie bereits sanftere Hinweise verstehen, dann werden Sie auch

solche erhalten. Ich werde Ihnen aber auch zeigen, wie Sie eventuell erschreckende Reisen gefahrlos überstehen können.

Wenden wir uns jetzt dem nächsten Erlebnis zu, welches das beschleunigte Erreichen eines Zieles beschreibt. Hier lasse ich einen meiner Kollegen zu Wort kommen.

Beispiel 2: Die neue Arbeitsstelle

Einem meiner schamanisch versierten Kollegen wurde sein Arbeitsplatz gekündigt; er mußte sich also eine neue Arbeit suchen. Obwohl er entlassen worden war, fühlte er sich nicht eingeschüchtert und wußte haargenau, was er sich von einer neuen Stelle erhoffte: Er wollte sich für den Naturschutz einsetzen, ein gutes Arbeitsklima haben, nur Teilzeit arbeiten, gut bezahlt werden, und schließlich sollte die Stelle nicht zu weit von seinem Wohnort entfernt sein. Es war ihm natürlich schon klar, wie außerordentlich rar solche Stellen waren, und daß sich deshalb unzählige Bewerber auf jede offene Stelle melden würden. Auch realisierte er, daß er aufgrund seiner Kündigung nicht besonders gute Referenzen vorzuweisen hatte. Kurz: denkbar schlechte Voraussetzungen, um den gewünschten Job zu bekommen.

Im Gegensatz zum üblichen Bewerbungsprozeß schrieb er vorerst keine Bewerbungen, sondern stellte seine ideale Arbeitsstelle zuerst in der spirituellen Welt her und zwar genau so, wie es seinen kühnsten Träumen entsprach. Während den nächsten Wochen trat er zu diesem Zweck mehrmals in die spirituelle Welt ein: Er ließ dort ein Stelleninserat in seiner Lokalzeitung erscheinen, er antwortete darauf, ließ sich zu einem Vorstellungsgespräch einladen und veranlaßte ein positives Ergebnis. Zur Unterstützung änderte er – noch immer in der spirituellen Welt – sein Kündigungsschreiben in ein positiv lautendes Empfehlungsschreiben. Das spätere Arbeitsklima ließ er gemütlich ausfallen; er schaffte Situationen, in denen er mit seinen Arbeitskollegen zusammen Kaffee trank, mit ihnen interessante Hecken und Weiher besichtigte oder im guten Einvernehmen mit seinem Chef die Arbeit diskutierte. Damit er nicht Vollzeit arbeitete, sah er sich jeden Freitag freinehmen. Um nichts auszulassen, ließ er sich als Lohn genau den Betrag erhalten, den er sich wünschte.

Nachdem sich mein Kollege mehr als einen Monat intensiv dieser Sache gewidmet hatte, erschien in der physikalischen Welt tatsächlich ein Zeitungsinserat für die Stelle eines Naturschutzbeauftragten einer in der Nähe liegenden Kleinstadt. Er bewarb sich und trat kurz darauf auch zu einem Vorstellungsgespräch an. Interessanterweise schien es den Chef der Behörde, der die Naturschutzfachstelle angegliedert war, nicht zu stören, daß meinem Kollegen die letzte Arbeit gekündigt worden war, sondern war im Gegenteil erfreut über dessen Berufserfahrung. Obwohl sich rund dreißig andere Personen gemeldet hatten, erhielt mein Kollege eine Zusage.

Unglaublich? Ging das nicht zu einfach? Warten wir aber noch damit, dieses Erlebnis zu erklären, und unternehmen wir eine letzte Reise. Hier verleiht die spirituelle Welt zusätzliche Kraft.

Beispiel 3: Mehr Kraft beim Sport

Bei diesem letzten Beispiel möchte ich an das erste anschließen: Sie erinnern sich, der Adler empfahl mir mehr Sport zu treiben, um mich gegenüber anderen Leuten besser abgrenzen zu können. Diesen Rat wollte ich beherzigen und beschloß, mich vermehrt dem Joggen zu widmen. Mein erster Versuch war niederschmetternd – ich mußte fast die ganze Strecke gehen. Ich beschloß deshalb, mir zusätzliche Kraft aus der spirituellen Welt zu holen, damit ich besser vorwärts kam, so mehr Spaß hatte und damit eher dabei bleiben würde.

Ich trat in die spirituelle Welt ein und traf wieder den Bären. Ich schilderte ihm mein Anliegen, und wir liefen gemeinsam die ganze Strecke in der spirituellen Welt. Es ging dort beinahe mühelos. Er forderte mich dann auf, nun in der physikalischen Welt die gleiche Strecke zu joggen und unterwegs immer wieder mit ihm Kontakt aufzunehmen. Er würde mir die nötige Kraft geben, die ganze Route ohne gehen durchzuhalten.
Es funktionierte. Es ging zwar nicht ganz so leicht wie in der spirituellen, aber ich fühlte mich eindeutig kräftiger. Besonders bei den schwierigen Strecken bergauf nahm ich Kontakt mit dem Bären auf, und ich fühlte seine Kraft in mich strömen. Ich hatte so tatsächlich viel mehr Spaß und seither jogge ich fast jeden Tag. Und die Magenschmerzen sind mittlerweile verschwunden.

Die Regeln in der spirituellen Welt entsprechen nicht unserer alltäglichen Erfahrung – undenkbar sind hier das sprechende Wasser, der Bauch voller Würmer mit Menschenköpfen, unglaublich die verblüffende Einfachheit, mit der mein Kollege seine Stelle erhielt, oder wie ich plötzlich viel mehr Kraft spürte beim Joggen.
Die spirituelle Welt funktioniert eben anders. Aber wie? Was gilt dort überhaupt? Gibt es Regeln oder Grundsätze? Wieso kann mit der spirituellen Welt die physikalische beeinflußt werden?
Es ist jetzt an der Zeit, einige schamanische Grundsätze zu beschreiben.

Die Grundsätze des Schamanismus

Zusammengefaßt gehen Schamanen von den nachfolgenden sieben Grundsätzen aus:

1. Alles hängt zusammen.
2. Alles kann beeinflußt werden.
3. Alles ist möglich.
4. Alles lebt und alles hat ein Bewußtsein.
5. Alle Zeit ist jetzt.
6. Die beste Motivation ist die Liebe.
7. Wir sind eins.

Diese Grundsätze bedürfen natürlich der Erklärung. Es folgt also etwas Theorie, ich werde mich dabei bemühen, den Bezug zu den eingangs geschilderten drei Erlebnissen herzustellen.

Erster Grundsatz: Alles hängt zusammen

Wieso spürten die durch die Würmer dargestellten Menschen, daß sie mich nicht mehr so belagern sollten? Wieso wiederholten sich die Erfolge meines Kollegen bei der Arbeitssuche auch in der physikalischen Welt? Wieso konnte der Bär mir Kraft übertragen?

Für Schamanen ist die Welt wie ein Spinnennetz; jeder Teil des Netzes ist mit jedem anderen verbunden. Nichts ist für sich allein. Jeder Mensch, jedes Tier, jede Pflanze, auch jeder Gedanke und jede Handlung stehen in Kontakt miteinander. Viele Verbindungen sind für uns auf den ersten Blick nicht sichtbar, da sie nicht in der physikalischen, sondern in der spirituellen Welt auftreten. Deshalb sind Schamanen auch so mächtig; sie erkennen Zusammenhänge, die den meisten Leuten entgehen.

25

Weil alles miteinander verbunden ist, beeinflußt auch jeder Gegenstand, Gedanke oder Handlung alles andere.
Denken Sie wieder an das Spinnennetz: Wird an einer Ecke gerüttelt, kommt das ganze Netz in Schwingung. Natürlich sind gewisse Verbindungen stärker als andere, aber grundsätzlich bestehen sie überall hin.
Es ist nun die Aufgabe des Schamanen, diese Vernetzungen zu erkennen und zu nutzen.
Betrachten wir diese Möglichkeiten etwas genauer.

Zweiter Grundsatz:
Alles kann beeinflußt werden

Worauf kann schamanisches Können angewandt werden? Gibt es Dinge, die nicht beeinflußt werden können? Wie arbeiten Schamanen?
Schamanen sind aktive Menschen, sie wollen verändern, beeinflussen und Ziele erreichen. Aus ihrer Sicht sind die Möglichkeiten grenzenlos; an allem kann gearbeitet werden: Das Wetter kann verändert, es kann aus abgeschlossenen Zellen entwichen, Tote können zum Leben erweckt, oder es können mit den primitivsten Werkzeugen Pyramiden gebaut werden.
Schamanen sind die Spinnen im Netz, sie stellen neue direkte Verbindungen her, verstärken schwache oder kappen unbrauchbare oder schädliche.
Dadurch, daß mein Kollege immer wieder in die spirituelle Welt eintrat, schuf er beispielsweise eine starke Verbindung zwischen den beiden Welten bzw. seiner Stelle. Oder damit die Magenschmerzen in den Griff zu bekommen waren, wurden die Menschen als Würmer dargestellt. Es war viel einfacher, sie als lästige Würmer zu entfernen, als sich in der alltäglichen Welt mühsam gegenüber den betroffenen Menschen abzugrenzen. Durch

26

das Entfernen der Würmer wurde versucht, die Verbindung zwischen den belästigenden Menschen und mir abzuschwächen.

Zur Verdeutlichung zwei weitere Beispiele: Schamanen gelang es, eine Überschwemmung von einem Dorf abzuwenden, indem sie eine starke spirituelle Verbindung zwischen einem Stück Holz (Symbol für das Dorf) und einem Eimer Wasser (Symbol für den Fluß) herstellten. Es genügte anschließend, den Eimer Wasser einige Meter vom Holz entfernt auszuschütten, damit die Überschwemmung das Dorf verschonte.

Ein weiteres Beispiel sind die früher häufig vor einer Jagd abgehaltenen Zeremonien, bei denen das Wild symbolisch gefangen und getötet wurde. Hier wurde bereits vor der Jagd eine intensive Verbindung zwischen Jäger und Wild hergestellt, welche die Jagd dann unterstützte.

Sie sehen, mit diesem Grundsatz haben wir den Kern des schamanischen Könnens getroffen. Entsprechend werden wir im Verlauf dieses Buches die verschiedensten Möglichkeiten, wie solche Verbindungen hergestellt oder geschwächt werden können, kennenlernen.

Dritter Grundsatz: Alles ist möglich

Falls – wie eben geschildert – alles beeinflußt werden kann, müßte dann nicht überhaupt alles möglich sein? Wäre ein Schamane dann nicht allmächtig? Stellen Sie sich vor, wir könnten unsere Karriere, unsere Umwelt, die politische Situation, das Wetter, unsere Wohnverhältnisse, unsere Mitmenschen, schlicht alles so haben, wie wir es gerne hätten? Ein Wunschtraum?

In der Tat – so unglaublich es klingt – Schamanen gehen davon aus, daß alles möglich ist. Doch da wir nicht die einzigen sind, die Einfluß ausüben und sich die Bestre-

27

bungen der anderen Lebewesen in den seltensten Fällen mit den unsrigen decken, entsteht eine Spannung. In welche Richtung sich dann etwas tatsächlich entwickelt, wird von der Summe der Energie bestimmt, die dorthin wirkt. Zudem ist die uns zur Verfügung stehende Energie beschränkt, das heißt, wir können nicht beliebig viel Energie in eine Sache stecken.

Diese zwei Einschränkungen relativieren natürlich das Gesagte. Mit genügend Energie kann zwar etwas Bestimmtes erreicht werden, auch wenn dies noch so unmöglich erscheint, aber wir werden kaum je genug Energie haben, um immer alles so zu verändern, wie wir es gerne hätten.

Mit den in diesem Buch beschriebenen schamanischen Techniken können Sie aber trotzdem viel mehr erreichen als im normalen Leben, denn Sie werden zusätzliche Energie erhalten und lernen, diese wirksam einzusetzen.

Vierter Grundsatz:
Alles lebt und alles hat ein Bewußtsein

Wieso konnte der Bär oder das Wasser mit mir sprechen? So etwas ist in unserem Alltag unmöglich.

Nach Überzeugung der Schamanen sind Menschen nicht die einzigen Wesen mit der Fähigkeit, etwas oder jemanden bewußt beeinflussen zu können. Allen Bestandteilen der spirituellen Welt wohnt diese Kraft inne – mit anderen Worten: Alles lebt und alles hat ein Bewußtsein.

Im Gegensatz zu der vorherrschenden Meinung, daß nur Menschen, Tiere oder Pflanzen leben, geht der Schamane einen Schritt weiter. Seiner Ansicht nach leben auch Steine, Wasser, Wind, Berge und dergleichen und sind sich dessen auch bewußt. In der spirituellen Welt kann deshalb sehr wohl Kommunikation mit in der physikalischen Welt »unbelebten Dingen« (Steine, Wasser und vieles mehr) und mit Tieren geführt werden.

Diese Möglichkeit erachte ich als sehr wertvoll; wir kommen dadurch zu interessanten Informationen, Erkenntnissen und einer neuen, ganz anderen Sicht der Dinge. Auch Sie können lernen, wie Sie selbst mit Bäumen oder Steinen kommunizieren oder von den Naturelementen Kraft schöpfen können (siehe Kapitel »Die natürlichen Helfer«).

Fünfter Grundsatz: Alle Zeit ist jetzt

Wieso konnte mein Kollege nachträglich die Kündigung so umgestalten, daß es wie ein Empfehlungsschreiben wirkte?

Betrachten wir das Phänomen der Zeit. Alle bisher erwähnten Prinzipien gelten auch für die Zeit – so sind Vergangenheit, Gegenwart und Zukunft miteinander verbunden. Folglich ist es möglich, diese Zeiten zu kontaktieren, um Wissen über die Vergangenheit zu erlangen oder mögliche zukünftige Ereignisse vorauszusagen.

Auch kann die Zeit verändert werden: Sie kann beschleunigt oder verlangsamt, Zukunft oder Vergangenheit können verändert werden. Was die Veränderung der Zukunft anbelangt, so ist dies ohne weiteres vorstellbar: Alles, was wir jetzt machen, hat einen Einfluß auf die Zukunft. Aber eine Veränderung der Vergangenheit? Für einen Schamanen ist dies durchaus möglich, die Konsequenz ist aber, daß die Gegenwart dadurch mit beeinflußt wird. Ein typischer Anwendungsbereich sind vergangene schlechte Ereignisse wie Unfälle, Niederlagen, Tadel oder eben das Kündigungsschreiben. Diese Vorkommnisse werden im nachhinein in positive Erlebnisse umgestaltet oder mindestens so umgearbeitet, daß sie weniger belastend sind. Ist jemand gestürzt und hat eine schwere Kopfverletzung, versucht ein Schamane den Unfall subtil so zu ändern, daß der Patient nicht auf den Kopf, sondern auf die Seite gefallen ist. Damit werden die Kopfverletzungen zwar nicht sofort heilen – in der physikalischen Welt geschieht alles mit gewisser Verzögerung – aber viel schneller als ohne sein Zutun.

Die Verbindungen zwischen verschiedenen Zeiten sind nicht überall gleich direkt. Auch hier gilt das Beispiel des Spinnennetzes, wonach Beeinflussungsmöglichkeiten zwar in alle Richtungen bestehen, aber nicht überall gleich groß sind. Die Stärke der Verbindung hängt nicht von der verstrichenen Zeit ab, sondern von der emotionalen Intensität. In der Nähe von Menhiren können wir heute noch den Geist der Schamanen spüren, die vor Tausenden von Jahren dort gelebt haben. Dafür mag der Kontakt zwischen Herrn Müller und Frau Meier von heute morgen bereits innerhalb weniger Minuten verblaßt sein.

Die ebenso interessanten wie wertvollen Techniken der Zeitveränderung werde ich im Kapitel »Schamanische Werkzeuge: Zeit und Form« beschreiben.

Sechster Grundsatz:
Die beste Motivation ist die Liebe

Wieso bestand der Bär auf die liebevolle Entfernung der Würmer? Wäre es nicht besser gewesen, alle Würmer einfach totzuschlagen? Dann hätten sie doch nicht mehr zurückkriechen können, und das Problem wäre ein für allemal gelöst gewesen.

Durch die Verbundenheit aller Dinge haben alle Versuche unsererseits, etwas zu beeinflussen, wiederum eine

Rückwirkung auf uns. Stellen wir uns hierzu wieder das Spinnennetz vor:
Schütteln wir eine Verbindung, so breitet sich diese Bewegung über das ganze Netz aus und trifft uns über verschiedenste Umwege wieder. Solche Rückwirkungen können entweder positiv, neutral oder negativ sein. Da unsere Welt sehr komplex vernetzt ist und unzählige Verbindungsmöglichkeiten bestehen, ist es kaum möglich, in einem konkreten Fall vorauszusagen, ob eine bestimmte Handlung unerwartete negative Auswirkungen haben könnte. Es ist wie bei der Einnahme eines Medikaments, von dem wir nicht wissen, ob und welche Nebenwirkungen bei uns auftreten.

Um das Risiko negativer Nebeneffekte möglichst klein zu halten, gehen Schamanen in der spirituellen Welt positiv vor. Sie gehen dabei davon aus, daß sich positive Handlungen auch eher positiv im besagten Netz ausbreiten, und das, was zurückkommt, mit größerer Wahrscheinlichkeit günstig ausfällt. Liebe ist also das verläßlichste Prinzip.

Daher wurden die Würmer nicht zerhackt, sondern vorsichtig und sorgfältig, ohne Aggressivität entfernt. Ansonsten wäre es durchaus denkbar, daß eine starke negative Reaktion der betroffenen Menschen eingetroffen wäre, welche mich wiederum negativ beeinflußt hätte.

Die Gültigkeit dieses Prinzips können wir auch im Alltag beobachten: Gehen wir wütend, kritisierend, zweifelnd und Angst einflößend durch die Welt, werden unsere Mitmenschen auf gleiche Art reagieren. Dies bestätigt uns wiederum in unserem Verhalten, denn aus der Reaktion der Umwelt schließen wir, daß dieses Vorgehen offenbar notwendig ist. Sind wir im Gegensatz dazu lobend, unterstützend, liebevoll und glücklich, wird unsere Umwelt dies spüren und sich zum Positiven verändern.

Siebter Grundsatz: Wir sind eins

Sie haben sicher bereits festgestellt, daß die dargestellten Grundsätze logische Fortsetzung voneinander sind. Dies rührt daher, daß sie alle von einem einzigen Prinzip abgeleitet wurden: »Alles ist eins« beziehungsweise »Alles ist ein Bestandteil der gleichen umfassenden Größe«. Sind wir eins, gehen wir logischerweise mit Liebe vor, denn wir wollen uns selbst kaum schaden. Sind wir selbst die Zeit, dann können wir sie selbstverständlich verändern. Oder, schließlich, gehören wir alle zusammen, dann sind wir auch miteinander verbunden und können einander beeinflussen.

Werden wir nun wieder konkreter und sehen uns einige weitere Möglichkeiten an, die spirituelle Welt darzustellen.

Orientierung in der spirituellen Welt

Hatte ich mit den schamanischen Grundsätzen die »Verkehrsregeln« der spirituellen Welt aufgelistet, möchte ich Ihnen jetzt noch zwei »Straßenkarten« erklären, die bei der Orientierung in der spirituellen Welt unverzichtbar sind. Im folgenden spreche ich der Einfachheit halber von Landkarten. Vorerst erlauben Sie mir bitte noch einen kleinen Exkurs zum Unterschied zwischen Religionen und dem Schamanismus:

Dieselbe Landschaft kann auf verschiedenen Karten ganz unterschiedlich dargestellt werden, ohne daß sich an der Landschaft selbst etwas ändert. Dies ist ein sehr wichtiger Punkt, denn häufig wird bei Religionskonflikten um Landkarten gestritten und nicht aber um das, was die Karten darzustellen versuchen. Sieht man bei den Weltreligionen von den spezifischen Landkarten – der

Bibel oder dem Koran – ab, dann bestehen verblüffend wenig Unterschiede zwischen den Religionen: Alle Glaubensrichtungen wollen einen Weg in die gleiche spirituelle Welt aufzeigen. Dabei sind allein die Wege unterschiedlich, nicht aber das Ziel. Diese Erkenntnis ist äußerst wichtig für Schamanen.

Auf verschiedenen Karten treten also völlig unterschiedliche Dinge in den Vordergrund. Mit einer Weltkarte mögen wir zwar große Zusammenhänge erkennen, aber um auf den Dorfbach in unserer Nachbarschaft sehen zu können, brauchen wir einen Gemeindeplan. Ein Schamane ist hinsichtlich Karten sehr flexibel und verwendet je nach Zweck jeweils diejenige, die ihm am meisten nützt.

In unserem alltäglichen Leben ist ein solches Vorgehen selbstverständlich: Wir verwenden Straßenkarten für Autoreisen und Wanderkarten, wenn wir zu Fuß unterwegs sind. Ein Schamane geht auch in der spirituellen Welt so vor und kann durchaus die spirituellen Karten der Weltreligionen wie Christentum oder Islam zu Hilfe nehmen, falls diese ihm dienen, benutzt aber genauso die Methoden der Naturreligionen. Für spezielle Aufgaben wird er sogar selber spirituelle Systeme beziehungsweise eigene Karten entwickeln.

Im Gegensatz zu fast allen etablierten Religionen verwendet der Schamanismus keine bestimmte Karte; er paßt deren Auswahl vielmehr den Aufgaben an. Wenn Sie sich dem Schamanismus zuwenden, müssen Sie also nicht auf Ihre Religion verzichten, sondern lediglich den Grundsatz anerkennen, daß es mehrere Pfade zur spirituellen Welt gibt. Auf diese Art können Sie in jeder Situation den besten Weg wählen.

In diesem Buch werden Sie viele solcher Pfade in die spirituelle Welt kennenlernen und damit eine Auswahl haben. Nachfolgend gleich zwei davon ...

Der Baum des Lebens

Im »Baum des Lebens« wird unsere physikalische oder alltägliche Welt als Stamm des Baumes dargestellt. Die spirituelle Welt wird in eine *Unterwelt* (= Wurzeln) und in eine *Oberwelt* (= Äste) eingeteilt.

Die Unterwelt umfaßt unser Unterbewußtsein, also alles, was wir je erlebt haben, dessen wir uns aber nicht (mehr) bewußt sind. Hierzu gehören nicht nur unsere frühkindlichen Erfahrungen, sondern auch diejenigen unserer Familie, unseres Volkes, aber auch der Menschheit als Ganzes. Zur Unterwelt gehört alles, was uns beeinflußt, worauf wir in der physikalischen Welt aber keinen direkten Zugang haben. Wollen wir Informationen über die Gründe eines Problems beschaffen, dann kontaktieren wir die Unterwelt. Auf der Suche nach den Ursachen meiner Magenschmerzen führte mich der Bär in der spirituellen Welt demnach nach unten, also zu den Wurzeln des Lebensbaumes.

Einige Schamanen zählen unsere körperlichen Funktionen ebenfalls zur Unterwelt. Gemeint sind damit die biochemischen Prozesse unseres Körpers, wie der Hormonhaushalt, der unser Wachstum reguliert, oder die Zusammensetzung der Körpersäfte und ähnliches, die für einen regelmäßigen Herzschlag, Verdauung usw. sorgen. Wie andere Bereiche unseres Unterbewußtseins, bestimmen diese biochemischen Prozesse ebenfalls einen Teil unseres Verhaltens und unserer Ansichten.

Dieser Teil der spirituellen Welt wird heute intensiv erforscht; wir kennen im Detail, wie unsere Nerven funktionieren oder wie unser Knie aufgebaut ist. Nur wird dabei leider meist der Zusammenhang zu anderen Teilen der Unterwelt vernachlässigt. Es gibt zwar den Begriff der Psychosomatik – das sind Gesundheitsstörungen, die durch Leid, Ärger, Angst und ähnliches hervorgerufen

werden –, ohne daß wir uns aber dieser Kausalität bewußt sind. Hier wird zu wenig geforscht.

Damit sei ausdrücklich festgehalten, daß die Wissenschaft nach schamanischer Sicht der Dinge durchaus einen Teil der spirituellen Welt bereits erforscht. Dies mag
viele erstaunen, aber es ist durchaus so, daß die Natur-
wissenschaft keinen Gegensatz zur Spiritualität darstellt;
sie erfaßt jedoch nur einen Teil davon.

Die Äste des Lebensbaumes symbolisieren die Oberwelt.
Diese entspricht unserem sogenannten Überbewußt-
sein, das uns den Zugang zu für uns neuem Wissen ermöglicht. Mit Hilfe der Oberwelt schaffen wir Neues
oder erhalten Ratschläge.

Mein Kollege schuf sich seine neue Arbeitsstelle vorerst
in der Oberwelt, und ich erhielt dort vom Adler praktisch
anwendbare Ratschläge zur Behebung meiner Magenschmerzen.

Geister und Aura

Eine andere Art von Orientierungsmöglichkeiten – Landkarten – sind Geister und Aura. Treten Sie in die spirituelle Welt ein, werden Sie dort meist – wie im Alltag auch
– Menschen, Tiere, Pflanzen, Wasser, Wind, Steine usw.
antreffen. Manchmal werden es auch Formen sein, die es
bei uns nicht gibt, wie Würmer mit Menschenköpfen,
Einhörner, Tiere mit menschlichen Oberkörpern oder
sonstige märchenhafte Gestalten. Die Einheiten der
spirituellen Welt nennt man Geister. Wir haben also
Bärengeister, Wassergeister oder Windgeister.

Von uns allen, gleich ob Tier, Pflanze oder Stein – gibt
es eine Entsprechung in der spirituellen Welt, das heißt,
ein Teil von uns ist bereits dort. Dieser spirituelle Teil –
Aura genannt – ist ein bunter, wirbelnder oder strahlen-

der »Dunst«, der uns alle umgibt. Die Aura verändert sich sehr stark mit verschiedenen Stimmungen oder Krankheiten: Falls Sie bei jemandem eine gute oder schlechte »Ausstrahlung« feststellen oder in einem Raum eine bestimmte »Stimmung« bemerken, dann haben Sie die Aura wahrgenommen.

Da wir mit unserer Aura bereits halb in der spirituellen Welt sind, ist sie offensichtlich nicht weit weg. Es ist deshalb nicht sehr schwierig, selbst dorthin zu gehen; es braucht nichts anderes, als unseren spirituellen Teil zu aktivieren und die Welt aus diesem Blickwinkel zu betrachten. Genau das werden wir im nächsten Kapitel versuchen. Sie wissen jetzt auch, wo sich die spirituelle Welt befindet: Sie ist überall um uns herum.

Halten wir aber vorher noch kurz inne und besinnen uns auf unsere Gefühle gegenüber der bevorstehenden spirituellen Reise.

Besinnungspause

Wie fühlen Sie sich jetzt? Was halten Sie von dieser spirituellen Welt? Haben Sie Bedenken, dorthin zu reisen? Es ist ein durchaus normales Gefühl, Bedenken oder sogar Angst zu haben, wenn etwas zum ersten Mal versucht wird. Vielleicht erinnern Sie sich, wie Sie sich fühlten, als Sie zum ersten Mal hinter dem Steuer eines Autos saßen? Sie hatten zwar das Theoriebüchlein durchgelesen, hatten also eine Vorahnung von dem, was Sie erwarten könnte, aber – wenn es Ihnen so ging wie mir – Sie hatten dennoch ein komisches Gefühl im Magen.

Und jetzt? Jetzt ist Autofahren sicher eine große Selbstverständlichkeit. Die Angst ist überwunden, und Sie können von den Vorteilen profitieren, ein solches Gefährt lenken zu können.

Ganz ähnlich ist es mit dem Eintritt in die spirituelle Welt. Sie haben jetzt Bedenken, aber Sie werden sehen, daß Sie sich mit der Zeit dort ebenso selbstverständlich bewegen können, wie Sie jetzt hinter dem Steuer sitzen. Und ebenso werden Sie dadurch enorme Vorteile erlangen.

Forcieren Sie aber nichts! Ist Ihre Angst zu groß oder spüren Sie unüberwindbare innere Hindernisse, dann warten Sie noch. Lesen Sie in diesem Fall erst einmal in Ruhe weiter, ohne die Übungen zu machen, und kehren Sie dann zum Kapitel drei zurück, sobald Sie spüren, daß es für Sie »stimmt« und Ihre Lust größer als Ihre Angst ist. Vielleicht möchten Sie auch zuerst aus einem etwas anderen Blickwinkel mehr über den Hintergrund des Schamanismus erfahren. In diesem Fall empfehle ich das Buch von Serge King, »Der Stadt-Schamane« (Verlag Alf Lüchow) oder das von Michael Harner, »Der Weg des Schamanen« (Ariston-Verlag).

Wagen wir es? – Na dann los!

3 Der Zugang zur spirituellen Welt

Schreiten wir zur Praxis! Ich werde Ihnen in diesem Kapitel die einfachste und direkteste Methode des schamanischen Reisens vorstellen: die *Vision*. Sie ist nur eine von vielen, mit denen ich Sie vertraut machen möchte. Bei dieser Technik des spirituellen Zugangs zu der geistigen Welt geht es zunächst darum, Informationen zu beschaffen (erinnern Sie sich an meine Suche nach den Ursachen und Heilungsmethoden von Magenschmerzen). Ich werde Ihnen zeigen, wie Sie in der spirituellen Welt einen Helfer (wie ich den Bären oder den Adler) finden können und wie Sie mit seiner Unterstützung in dieser Welt reisen können.

Vorerst jedoch eine **ernstzunehmende Warnung**: Wie jedes Handwerk, will auch der Schamanismus gelernt sein. Und – ohne Ihnen unnötig Angst machen zu wollen – er birgt durchaus Gefahren.

Weil wir in unserer Gesellschaft die spirituellen Verbindungen größtenteils verloren haben, bewegen sich auf diesem Gebiet unerfahrene Menschen, ohne auf die Gefahren zu achten. Unachtsame Schritte in der spirituellen Welt können tragisch enden. Es gibt dort schlechte Elemente, die, statt uns zu helfen, uns schaden. Mir sind Fälle von Leuten bekannt, welche aufgrund unvorsichtiger

Kontakte außerstande waren, in unsere Welt zurückzukehren, teilweise nicht mehr arbeitsfähig waren und/
oder psychiatrisch behandelt werden mußten.

Ich möchte Sie deshalb dringend bitten, immer die erwähnten *Vorsichtsmaßnahmen* zu beachten, mit gesun-
dem Menschenverstand und langsam vorzugehen. Halten Sie sich daran, kann Ihnen nichts passieren.

Die nachfolgende Beschreibung der konkreten Schritte
einer schamanischen Reise ist anhand einer von mir
selbst erlebten Vision geschildert. Lesen Sie vorerst alles
durch, bevor Sie selbst das Experiment wagen; am Ende
werde ich die einzelnen Schritte nochmals zusammen-
fassend darstellen.

Die Vorbereitung

»Ich legte mich auf den Boden meines Wohnzimmers,
steckte Gehörschutzpfropfen in die Ohren und überlegte mir nochmals, was ich wollte: Ich stand vor der Entscheidung, ob ich meine Vollzeitstelle als Ingenieur
weiter behalten oder die Arbeitszeit reduzieren sollte,
um mich mehr dem Schamanismus und der Familie zu
widmen. Ich stellte eine Küchenuhr auf 10 Minuten ...«

Der Eintritt in die spirituelle Welt funktioniert am einfachsten, wenn Sie möglichst losgelöst und neutral die
Reise antreten. Suchen Sie sich hierzu als erstes einen
ruhigen Ort, an dem Sie sich ungestört aufhalten können.
Legen Sie den Telefonhörer neben den Apparat, verwenden Sie bei unvermeidbarem Lärm Gehörschutz, verdunkeln Sie das Zimmer oder gebrauchen Sie Augenbin-
den, falls Sie sich durch Licht abgelenkt fühlen.

Sie können sowohl einen Ort im Haus wie auch im Frei-
en wählen. Falls Sie letzteres vorziehen, achten Sie dar-

auf, daß Sie einen sicheren Ort wählen: Im Verlauf der schamanischen Reise werden Sie eine Zeitlang Ihren physikalischen Körper nicht mehr spüren. Vermeiden Sie deshalb Abhänge in unmittelbarer Nähe von Gewässern und ähnliches.

Ich bemerkte einmal einen Ameisenhaufen erst nach der Rückkehr von einer schamanischen Reise, als mich bereits unzählige Tiere mit Stichen übersät hatten; ich hatte zuvor nichts davon gespürt. Manche Schamanen wählen deshalb jemanden, der während der Vision auf sie aufpaßt.

Für Schamanen ist die Rückkehr in die alltägliche Welt von entscheidender Bedeutung. Werden Sie sich deshalb nochmals Ihres physikalischen Körpers bewußt. Sie werden jetzt vorübergehend die spirituelle Welt bereisen und danach wieder in die physikalische Welt zurückkehren.

Schamanische Reisen erfüllen stets einen Zweck; je klarer dieser definiert ist, desto einfacher kann er erfüllt werden. Lassen Sie sich ruhig etwas Zeit hierfür, denken Sie über Ihre Frage so lange nach, bis Sie sie sehr präzise formulieren können. Zur Erinnerung: Es ist nicht der Zweck der Vision, Ihnen die Verantwortung abzunehmen – denn diese müssen Sie in jedem Fall selbst übernehmen –, sondern Ihnen weitere Ideen oder andere Blickwinkel zu vermitteln.

Als Vorsichtsmaßnahme ist es sinnvoll, die Dauer der schamanischen Vision zunächst zeitlich zu begrenzen. Zu Beginn empfehle ich eine maximale Reisedauer von etwa 10 Minuten, später können Sie die Zeit selbstverständlich beliebig variieren.

Stellen Sie am besten schon jetzt einen Küchen- oder einen anderen Wecker, damit Sie nach der Entspannungsübung nur noch auf einen Startknopf drücken müssen. Falls Sie auch für die Entspannungsübung einen

Wecker benötigen, verwenden Sie einen zweiten oder wählen Sie einen, welchen Sie mühelos neu einstellen können.

Entspannung

»Ich stellte die Küchenuhr auf 10 Minuten, schloß die Augen und konzentrierte mich auf meine Atemzüge. Ich zählte: eins, zwei, drei, vier und begann dann wieder von vorn.«

Je entspannter Sie sind, desto leichter fällt es Ihnen, in die spirituelle Welt einzutreten. Beginnen Sie Ihre Reise deshalb mit Entspannungsübungen. Probieren Sie verschiedene Methoden und wählen Sie diejenige aus, die für Sie am besten funktioniert.

Ich stelle Ihnen hier zwei Techniken vor (falls Sie an weiteren Möglichkeiten interessiert sind, empfehle ich Bücher über Entspannung, autogenes Training, Yoga oder Meditation).

- **Atemzüge zählen:** Legen Sie sich auf den Rücken. Achten Sie auf Ihre Atmung und zählen Sie die einzelnen Züge. Beginnen Sie bei eins und zählen Sie bis zu einer zuvor gewählten Zahl wie vier oder zehn, und beginnen Sie dann wiederum von vorn. Setzen Sie das Zählen während 10 bis 20 Minuten fort. Obwohl die Übung sehr einfach klingt, ist es manchmal schwierig, sich tatsächlich so lange auf seine Atemzüge zu konzentrieren. Machen Sie sich keine Sorgen, falls Ihre Gedanken abschweifen: Sobald Sie dies feststellen, setzen Sie Ihre Übung einfach fort, ohne sich Vorwürfe zu machen. Stellen Sie einen Wecker auf 10 oder 20 Minuten, damit Sie wissen, wann Sie aufhören können.

- **Körperbewußtsein**: Legen Sie sich auf den Rücken. Werden Sie sich nach und nach Ihres ganzen Körpers bewußt. Beginnen Sie bei den Füßen, spüren Sie anschließend Beine, Gesäß, Bauch, Rücken, Hals und schließlich den Kopf. Bemerken Sie das Gewicht aller Körperteile, spannen Sie einen nach dem anderen an, lassen Sie wieder los und beobachten Sie, wie dabei Ihr Gewicht in die Erde fließt.

Die erste Reise:
Kennenlernen des spirituellen Helfers

»Als der Wecker läutete, richtete ich ihn gleich wieder auf 10 Minuten, schloß erneut die Augen und stellte mir vor, ich würde am Eingang einer Höhle in den Alpen stehen. Ich ging einige Schritte in die Höhle, spürte ein Zucken in meinem Körper und wie mein Herzschlag deutlich kräftiger wurde. Eine schlanke, vielleicht 35jährige Frau kam auf mich zu. Es war Artia, eine meiner spirituellen Helfer...«

Der spirituelle Helfer ist eine äußerst nützliche Figur, eine Gestalt der spirituellen Welt, die sich dort auskennt, Ihnen freundlich gesinnt ist und Sie deshalb führen und beschützen kann. Sie ist Ihr Beistand, Gönner, Förderer und Verbündeter – vor allem aber Ihr »Schutzengel« in dieser Ihnen noch unbekannten Welt. Folgen Sie unbedingt immer seinen Anweisungen, auch wenn Sie den Sinn nicht gleich einsehen oder lieber anders handeln würden. Kehren Sie insbesondere immer dann in die physikalische Welt zurück, wenn Sie Ihr Helfer dazu auffordert.
Ihr spiritueller Helfer weiß, daß Sie ihn suchen: Er hat genau Sie gewählt, um Ihnen zu helfen, Sie zu führen und

zu beschützen und wird die erste Gelegenheit nutzen, um sich bemerkbar zu machen. Er arbeitet gern mit Ihnen zusammen, weil das auch für ihn spannend ist. Zögern Sie also nicht, seine Hilfe in Anspruch zu nehmen.

Ein guter Weg, in die spirituelle Welt einzutreten, ist über eine Öffnung, einen Eingang wie Tür, Fenster, Stadttor, Höhle, Löcher in Bäumen, Tunnel u. ä. Dieser Eingang symbolisiert den Übergang zwischen den Welten, auf der einen Seite befindet sich die physikalische Welt, auf der anderen die spirituelle. Indem Sie durch diesen Eingang schreiten, melden Sie dem spirituellen Teil in sich (Aura), daß Sie bereit für die Wahrnehmung der spirituellen Welt sind.

Wählen Sie jetzt eine Ihnen sympathische Übergangspforte. Schließen Sie die Augen und stellen Sie sich Ihren Eingang vor; sehen Sie sich dort stehen, vergegenwärtigen Sie sich nochmals, daß Sie Ihren spirituellen Helfer kennenlernen wollen, und treten Sie dann in die Öffnung.

Sie sind nun in der spirituellen Welt! Bleiben Sie nach einigen Schritten stehen und warten Sie, bis eine Gestalt (Mensch oder Tier) erscheint. Begrüßen Sie sie, erläutern Sie, daß Sie auf der Suche nach einem spirituellen Helfer seien, und fragen Sie, ob sie das sei. Falls ja, freuen Sie sich, danken Sie Ihrem Helfer für die zukünftige Führung, sagen Sie ihm, Sie würden bald wieder bei ihm auftauchen, und verlassen Sie die spirituelle Welt wieder, indem Sie an Ihre Eingangspforte zurückkehren (dieser Schritt wird später detailliert beschrieben).

Falls Ihnen die Gestalt unsympathisch ist, bitten Sie sie, in einer anderen Form zurückzukehren, die Ihnen mehr zusagt. Falls die Figur Ihnen mitteilt, sie sei nicht ihr spiritueller Helfer, kehren Sie unverzüglich wieder in die physikalische Welt zurück und versuchen es zu einem späteren Zeitpunkt nochmals.

Es ist möglich, daß Sie einige Versuche benötigen, bis Sie einen Helfer kennenlernen, dem Sie vertrauen. Verlassen Sie sich dabei ganz auf Ihr Gefühl; suchen Sie so lange weiter, bis Sie zufrieden sind. Die meisten Menschen berichten, sie hätten sofort gewußt, wenn eine Gestalt ihr Helfer gewesen sei.

Für manche ist es zu Beginn schwierig, sich lange genug auf den Eingang zur spirituellen Welt zu konzentrieren, um dem Helfer Gelegenheit zu geben zu erscheinen. Machen Sie sich diesbezüglich keine Sorgen und versuchen Sie es später wieder. Wählen Sie eine andere Zeit, einen anderen Ort oder stellen Sie sich eine andere Öffnung vor. Spielen Sie ruhig etwas; niemand erhebt den Anspruch, daß es gleich beim ersten Mal klappen muß. Sie müssen sich niemandem beweisen. Ich hatte beispielsweise zu Beginn Mühe, weil ich mir als Eingang eine Höhle in Kreta, die ich vor kurzem besucht hatte, vorzustellen versuchte. Ich hatte dort nie Glück, einen spirituellen Helfer zu finden, bis ich zu einer kleinen lokalen Höhle wechselte.

Damit Sie den Mut nicht verlieren, falls es überhaupt nicht klappen sollte: Es gibt eine ganze Reihe von Hilfsmitteln, die den Übergang in die spirituelle Welt fördern, wie konstante Trommel- oder Rasselschläge. Diese Hilfsmittel werden in einem späteren Kapitel detailliert vorgestellt. Warten Sie aber noch mit deren Anwendung, bis Sie so weit gelesen haben.

Auf Ihrer ersten Reise wird Ihnen – ebenso wie auf den folgenden eventuell auch – nicht nur ein spiritueller Helfer zur Seite stehen. Sie werden sehen, wie sich mit der Zeit weitere spirituelle Helfer anbieten werden. Manche unter ihnen sind spezialisiert auf bestimmte Fragestellungen, und so werden Sie, je nachdem, welches Anliegen Ihnen am Herzen liegt, den dafür geeigneten antreffen. Es kann sogar vorkommen, daß die Helfer zuerst miteinander diskutieren, wer das entsprechende Problem am besten zu lösen vermag.

Obwohl spirituelle Helfer meist als Menschen oder Tiere erscheinen, gibt es auch solche, die sich in Gestalt von Pflanzen, Steinen, Wasser u. v. m. zeigen. Insbesondere bei Tieren ist es sehr interessant, mehr über Ihren Helfer zu erfahren, indem Sie mehr über das Tier als solches lernen. Oft stimmen die Besonderheiten des Tieres mit den Stärken des entsprechenden Helfers überein. Seien Sie dabei nicht enttäuscht, wenn es ein auf den ersten Blick unscheinbares Tier ist, wie beispielsweise eine Maus. Mäuse sind zwar klein, gehören aber für manchen indianischen Schamanen neben Adler, Wisent und Bär zu den vier wichtigsten Tieren: Mäuse symbolisieren Wachstum, Erleben, Sonne und Süden. Aber mehr darüber im nächsten Kapitel.

Wenden wir uns wieder dem spirituellen Reisen zu und schauen, wie Sie weitergehen können, nachdem Sie Ihren spirituellen Gönner und Beistand kennen.

Erkundungsreise in die spirituelle Welt

»Ich erinnerte mich an den Grund meiner Reise: Wie sollte mein zukünftiges Arbeitsprogramm aussehen? Artia nickte, als ich ihr mein Anliegen vorbrachte – offenbar kannte sie es schon – und führte mich tiefer in die Höhle. Es ging leicht abwärts, aber bald kamen wir an eine Öffnung und befanden uns mitten in einer Wüste. Wir waren dort auf halber Höhe eines nach unten immer breiter werdenden Tales. Weit vorne sah ich einen ausgetrockneten See. Als ich auf den Boden schaute, sah ich zu meinem Entsetzen, daß es um mich herum nur so von Schlangen wimmelte. – Hilfe! Ich sprang auf einen Stein, aber die Schlangen folgten mir. Ich hüpfte weiter, aber auch das brachte mich nicht in Sicherheit. Artia rief: ›Du kannst doch nicht hierbleiben!‹ Ich schaute zum ausgetrockneten See – dort hatte es sicher keine Schlangen. Ich wollte diese Richtung einschlagen, aber Artia nahm mich an der Hand und sagte: ›Ich will dir noch etwas anderes zeigen.‹ Sie führte mich – von Stein zu Stein hüpfend – an den Rand des Tals, an dem wir entlanggingen. Mit der Zeit gab es keine Schlangen mehr, dafür rutschte ich immer wieder aus und wäre – hätte mich Artia nicht gehalten – mehrmals in Kakteen gefallen. Plötzlich sah ich einen Zaun vor mir und dahinter eine Orangenplantage. Ich schaute Artia fragend an, sie nickte, und ich sprang über den Zaun und pflückte eine Frucht. Sie war gut, ich fühlte mich wohl...«

Kennen Sie Ihren spirituellen Helfer, können Sie mit seiner Hilfe beliebig viele Reisen unternehmen. Sie gehen immer wieder zum selben Eingang (später können Sie auch diesbezüglich variieren), treffen dort Ihren spirituellen Freund, stellen ihm Ihre Fragen oder schildern Ihr Problem. Er wird Sie dann entweder auf eine Reise führen oder Ihnen direkt eine Antwort geben. Die Reise kann symbolischen Gehalt haben oder kann dazu dienen, daß Sie Gelegenheit erhalten, direkt auf etwas Einfluß zu nehmen (z. B. durch das Entfernen der Würmer während meiner im vorangegangenen Kapitel geschilderten Reise). Vertrauen Sie Ihrem Helfer und lassen Sie sich führen, ohne selbst einzugreifen. Versuchen Sie während der Reise möglichst wenig zu interpretieren, hierzu bleibt später genügend Zeit.
Bei Visionen wird oft ein bestimmtes Sinnesorgan bevorzugt. Manchmal werden Sie nur hören, sehen oder riechen, manchmal werden aber auch sämtliche Sinnesorgane gleichzeitig in Anspruch genommen. Widersetzen Sie sich nicht, und seien Sie für alles offen.

Die Rückkehr

»... Nach einer Weile fand Artia: ›Es ist Zeit für die Rückkehr.‹ Sie führte mich von der Orangenplantage wieder in das gleiche Tal zurück. Es ging sehr schnell und nirgendwo sah ich Schlangen. Wir erreichten die Höhle, ich bedankte mich bei Artia, öffnete die Augen und befand mich wieder im Wohnzimmer.
Um mich vollständig zurückzuholen, ging ich ein paar Schritte und aß einen Apfel. In einem bereitliegenden Heft notierte ich meine Erlebnisse ...«

Hat Sie Ihr spiritueller Helfer entlassen, treten Sie die Rückkehr an. Gehen Sie vorzugsweise den gleichen Weg zurück, wie Sie in die spirituelle Welt eingetreten sind. Falls Sie Ihren Helfer nach einigen Schritten in einer Höhle gefunden haben, drehen Sie sich einfach um und gehen Sie zum Eingang der Höhle zurück. Falls Sie während einer späteren Reise Ihrem spirituellen Helfer auf verschiedensten Pfaden gefolgt sind, gehen Sie die gleichen Pfade zurück, die Sie mit ihm ursprünglich gegangen sind. Diese Taktik garantiert, daß Sie wieder in Ihre gewohnte physikalische Welt zurückkehren und hilft Ihnen, sich besser an die Erlebnisse zu erinnern.
Als ich einmal diese Anweisungen nicht befolgte, erlebte ich sogleich Konsequenzen: Ich wollte damals etwas über meine Säuglingszeit erfahren. Der spirituelle Helfer wehrte mit der Begründung ab, daß ich dazu noch nicht bereit sei. Ich wollte aber unbedingt trotzdem etwas darüber wissen. Mit größtem Widerwillen führte mich der Helfer in mein Säuglingsalter zurück, zeigte mir dort Sachen, die so schrecklich waren, daß ich sofort in die physikalische Welt zurückkehrte, indem ich kurz entschlossen die Augen öffnete. Ich merkte aber gleich, daß etwas nicht stimmte: Ich hatte am ganzen Körper Schmerzen

und fühlte mich klein, gedrungen und dick, eben wie ein Säugling. Ich versuchte dann zu gehen, dies gelang mir aber nicht. Es vergingen sicher 15 Minuten, bis ich wieder aufstehen konnte, und erst als ich im Büro die Arbeit wieder aufnahm, hatte ich wieder mein normales Körpergefühl.

Sollte der Wecker läuten, bevor Sie die Vision abgeschlossen haben, beenden Sie trotzdem die Reise, indem Sie Ihrem Helfer erklären, Sie müßten jetzt zurück. Versprechen Sie ihm jedoch, ihn wegen der betreffenden Frage nochmals aufzusuchen (und halten Sie dieses Versprechen dann auch). Er wird Verständnis haben und Sie gehen lassen.

Sind Sie wieder am Eingang Ihrer Öffnung angelangt, öffnen Sie die Augen und beginnen Sie allmählich, Ihre Umgebung wieder wahrzunehmen; werden Sie sich bewußt, daß Sie wieder in der physikalischen Welt sind. Berühren Sie dazu etwas Solides: einen Stuhl, den Tisch, einen Stein. Springen Sie nicht gleich auf, lassen Sie sich Zeit, denn an diese Übergänge muß man sich zuerst etwas gewöhnen.

Falls Sie jedoch nach längerer Zeit immer noch das Gefühl haben, Sie seien nicht richtig in der physikalischen Welt, dann nützt es, sich zu bewegen, zu arbeiten, zu essen oder sonst eine handfeste alltägliche Tätigkeit zu verrichten.

Die Rückkehr in die physikalische Welt ist für den Schamanen von größter Wichtigkeit. Dies muß immer wieder betont werden. Menschen mit sehr leichtem Zugang zur spirituellen Welt haben oft Mühe zurückzukehren, weil sie die andere Welt viel spannender finden. Machen Sie sich aber bitte immer wieder bewußt: *Wir leben nicht in der physikalischen Welt, um daraus zu flüchten.* Der Aufenthalt in der spirituellen Welt sollte nur einen Bruchteil Ihres Lebens ausmachen. Wir alle haben noch genügend

Zeit, uns dort aufzuhalten, wenn wir gestorben sind. Jetzt und hier geht es darum, die physikalischen Aspekte des Lebens zu spüren: Liebe, Bewegung, Körperkontakt, Hunger, Schmerz usw. Die spirituelle Welt soll nur helfen, die hiesige Welt besser zu verstehen oder zu gestalten.

Schreiben Sie nach Ihrer Rückkehr Ihre Erlebnisse auf und zwar so bald wie möglich nach der Vision, denn ich habe leider feststellen müssen, daß schamanische Reisen – ähnlich wie Träume – sehr schnell in Vergessenheit geraten. Ihre Notizen sind dann für die spätere Interpretation sehr wertvoll. Manche Schamanen bringen es auch fertig, noch während der Vision Tonbandaufzeichnungen oder Notizen zu machen. Solche physikalischen Tätigkeiten können aber leicht die Reise stören und sind zu Beginn nicht empfehlenswert.

Interpretation

»Wie soll ich nun das Erlebte mit der zu treffenden Entscheidung in Zusammenhang bringen? Die Schlangen deuteten unmißverständlich darauf hin, daß ich nicht an Ort und Stelle bleiben konnte: Ich mußte rasch entscheiden. Der Weg geradeaus (nach meiner Interpretation die 40-Stunden-Woche) sah zwar verlockend aus: leicht bergab und flach, aber unten befand sich nichts außer einem ausgetrockneten See – nicht gerade eine erfreuliche Zukunftsperspektive. Der Weg zum Talrand (Halbtagsarbeit) war zwar schwierig, ich würde oft ausrutschen und Hilfe benötigen. Sobald ich jedoch alle Hindernisse bezwungen hätte, würde ich ein sehr schönes und fruchtbares Gebiet erreichen. – Nicht zuletzt aufgrund dieser Vision beschloß ich, mein Arbeitspensum als Ingenieur auf die Hälfte zu reduzieren.«

Je nach Erlebnis fällt die Interpretation natürlich verschieden aus. Im einfachsten Fall gibt Ihnen Ihr spiritueller Helfer direkt und verbal eine Antwort auf Ihre Frage, und Sie müssen nicht weiter studieren. Viel häufiger wird Ihr Helfer Sie jedoch auf eine Reise führen und/oder Ihnen Symbole oder Situationen zeigen, die es richtig zu interpretieren gilt. Dies ist nicht ganz einfach, und ich habe schon oft die Erfahrung gemacht, daß ich Reisen nicht auf Anhieb begriffen habe.

In diesem Fall können Sie folgendes tun:

- Warten Sie ab. Für gewisse Fragen ist es einfach noch zu früh. Sobald die Zeit reif ist, werden Sie die Reise verstehen.

- Unternehmen Sie eine weitere Reise zu einem anderen Zeitpunkt und fragen Sie Ihren spirituellen Helfer nach einer Klärung. Falls Sie während Ihrer Reise Menschen, Tiere, Steine oder andere Geister angetroffen haben, können Sie – unter dem Beisein Ihres Helfers – diese direkt fragen, was sie darstellen wollen.

- Lesen Sie in einem Traumdeutungsbuch o. ä. nach und versuchen Sie diese Deutungen auf Ihre Frage anzuwenden. Aber Achtung: Visionen sind spezifisch für jede Person, die jeweilige Deutung muß also nicht unbedingt auf Sie zutreffen. Nehmen wir das Beispiel der Schlange; dieses Tier kann das ganze Spektrum von gut bis böse darstellen.

Die Schlange als ein schlechtes Zeichen: Da der Biß mancher Schlangen giftig ist, stellen sie alles Böse oder Heimtückische schlechthin dar. Wird man von einer Schlange gebissen, so hat man schlechte Einflüsse zu erwarten. Schlangen können vor hinterhältigen Machenschaften warnen und dazu auffordern, mit Vorsicht vorzugehen. Die Interpretation der Schlange als das Sinnbild des Bösen und des Unheils findet sich auch in der Bibel wieder.

Die Schlange als ein gutes Zeichen: Da Schlangen sich häuten, symbolisiert dieses Tier die erneuernde Weiterführung des Lebens. Unsere Hülle ist sterblich, aber wir existieren – auf andere Art – weiter. Im übertragenen Sinn weisen Schlagen darauf hin, daß es notwendig ist, sich von alten, nicht mehr benötigten Sachen zu trennen, um für Neues offen zu sein. Im gleichen Sinne symbolisieren Schlangen eine Veränderung oder Initiation, die in neue Kreativität oder Weisheit mündet.

Solche Deutungen können also höchstens eine Idee vermitteln, aber am Ende werden nur Sie schlüssig entscheiden können, was eine erlebte Vision bedeutet.

Bei komplexen oder weitreichenden Problemen lohnt es sich, die gleiche Frage mehrmals zu stellen. Oft gibt es verschiedene Blickwinkel, die auf diese Weise beleuchtet werden können. Dies kann durchaus auf der gleichen Reise passieren, aber man riskiert dabei, sich später nicht mehr an wichtige Elemente zu erinnern.

Erfolgskontrolle

Da Ihre schamanische Reise einen Zweck erfüllte, ist es nützlich und interessant, nach einer gewissen Zeit eine Erfolgskontrolle durchzuführen. Dies kann entweder in der physikalischen Welt (Sind die Magenschmerzen verschwunden? – Ist mein Leben besser geworden?) oder in der spirituellen Welt (Sind immer noch Würmer im Magen vorhanden? – Befinde ich mich nach wie vor in einer Wüste voller Schlangen?) erfolgen.

Falls Sie Ihre Ziele nicht erreicht haben, lohnt es sich, mit Hilfe einer Vision die Gründe und weitere mögliche Maßnahmen zu erforschen.

Die Echtheit der Reise

Nach den ersten paar Reisen stellen sich fast alle Leute die gleichen Fragen: »Habe ich mir das alles nur vorgestellt? War das wirklich echt?« Nun, diese Fragen sind schwierig zu beantworten: Falls Sie sich einigermaßen an das genannte Vorgehen gehalten haben, wird die Reise mit großer Wahrscheinlichkeit echt gewesen sein. Am besten, Sie machen sich zu Beginn keine Sorgen deswegen und gehen davon aus, daß die Vision in der Tat echt war. Mit der Zeit werden Sie ganz eindeutige Zeichen an sich erkennen, mit denen Sie die Echtheit überprüfen können:

● Sie haben nach der Rückkehr einen Geschmack im Mund wie morgens nach dem Aufwachen.

● Beim Eintritt in die spirituelle Welt geht ein Zucken durch Ihren Körper.

● Sie spüren ein dumpfes Gefühl im Gehirn.

● Sie konnten bewußt ein Thema mit Ihrem spirituellen Helfer verfolgen und haben dabei Unerwartetes erlebt.

Zusammenfassung des Vorgehens

Im folgenden erwähne ich nochmals stichwortartig die einzelnen Schritte des schamanischen Reisens:

● **Vorbereitung:** Einen ruhigen, ungestörten Ort suchen, Wecker stellen, sich des Zweckes der Reise vergewissern.

● **Entspannung:** Verschiedene Übungen sind möglich, z. B. Atemzüge zählen.

● **Die Reise:** *1. Kennenlernen Ihres spirituellen Helfers:* Augen schließen, sich einen Eingang vorstellen, in die andere Welt eintreten, warten, bis ein spiritueller Helfer erscheint, sich vergewissern, ob es sich tatsächlich um einen handelt. *2. Reise:* Augen schließen und sich einen Eingang vorstellen, warten, bis der spirituelle Helfer erscheint, Frage stellen oder Problem schildern, dem spirituellen Helfer folgen.

- **Rückkehr:** Denselben Pfad nehmen wie beim Eintritt, Augen öffnen, sich der physikalischen Welt bewußt werden, Reise notieren.

Hat es geklappt? Ja? Willkommen in der spirituellen Welt! Sie können jetzt nach Belieben weitere Reisen in die andere Welt unternehmen. Nein? Wo lag wohl das Problem?

Pannenhilfe

Hier eine Beschreibung einiger häufiger Probleme beim schamanischen Reisen und deren Abhilfe:

- **Lästige Gedanken beim Entspannen:** Sie können sich während der Entspannungsphase nicht von störenden Gedanken befreien, müssen z. B. immer wieder an zu erledigende Sachen (Telefonate, Einkäufe, Rechnungen) oder an Sie beschäftigende Probleme (Arbeit, Kinder, Beziehungen) denken.
Lösungsmöglichkeit: Halten Sie während der Entspannungsphase Bleistift und Papier bereit. Schreiben Sie jeden Gedanken auf, der Sie bedrängt. Dadurch muß Ihr Gehirn Sie nicht immer wieder an das zu lösende Problem erinnern und ist frei, sich anderem zu widmen. Erledigen Sie nach der Vision die Sachen auf der Liste oder gehen Sie die Probleme an, sonst funktioniert diese Taktik mit der Zeit nicht mehr.
Übrigens: Alle Gedanken werden Sie beim Entspannen nie »abschalten« können; das ist normal – wichtig ist vielmehr, daß Sie an keinem Gedanken haften bleiben.

Lassen Sie die Gedanken einfach gelassen kommen und gehen und konzentrieren Sie sich vollständig auf das Zählen.

- **Schwierigkeiten, in der spirituellen Welt zu bleiben:** Lassen Sie sich nicht entmutigen, falls Sie immer wieder aus der spirituellen Welt herausgerissen werden und an Alltägliches denken. Längere Zeit in der spirituellen Welt bleiben zu können ist vor allem eine Frage der Übung. Hierzu werden Sie in diesem Buch genügend Gelegenheit bekommen. Es ist auch erlaubt, auf einer zweiten Reise Ihren Helfer zu fragen, ob Sie bei der abgebrochenen Vision anknüpfen dürfen.
- **Mühe, sich vom Helfer leiten zu lassen:** Sie versuchen ungewollt, während der Reise das Resultat so zu beeinflussen, daß es mit Ihrer vorgängigen Interpretation des Problems übereinstimmt. So verliert die Reise natürlich an Wert. Damit dies nicht passiert, müssen Sie zuvor beschließen, das Resultat zu akzeptieren, gleichgültig, wie es ausfällt – ob es Ihnen paßt oder nicht. Auch wenn es nicht in Ihr gegenwärtiges Konzept paßt, bringt eine ehrliche Antwort langfristig am meisten.
- **Einschlafen:** Das Risiko des Einschlafens besteht sowohl bei der Entspannung wie auch bei der Reise selbst. Die Vision wechselt dann in einen Traum über, was an sich nicht stören würde (während der Traumphasen befindet man sich ebenfalls in der spirituellen Welt), aber oft gleitet man vom gesteckten Thema ab oder erinnert sich nicht mehr an die Geschehnisse. Einschlafen wirkt deshalb meist störend. Wählen Sie als Abhilfe eine unbequemere Position: Legen Sie sich auf einen härteren Boden oder sitzen Sie und lehnen Sie sich an eine Wand oder einen Baum. Sie müssen sich aber trotzdem »gehenlassen« können; stehen geht deshalb in der Regel nicht.

Besinnungspause

In diesem Kapitel haben wir zum ersten Mal versucht, Kontakt mit der spirituellen Welt aufzunehmen. Es mag Ihnen gelungen sein oder auch nicht. Falls nicht, machen Sie sich bitte keine Sorgen, lesen Sie im Buch weiter, es werden noch andere Techniken und Hilfsmittel vorgestellt, die vielleicht besser auf Sie zugeschnitten sind. Auch geht der spirituelle Kontakt einfacher, wenn Sie mehr über den Schamanismus wissen.

Ist Ihnen der Versuch gelungen, halten Sie kurz inne: Wie waren Ihre Gefühle vorher? Wie sind sie jetzt? Sind Sie überwältigt von der Tatsache, daß die spirituelle Welt wirklich existiert? Ich war es jedenfalls.

Wie geht es weiter? Greifen wir zum Schluß dieses einführenden Kapitels nochmals den Vergleich mit dem Autofahren auf: Sie haben nun zum ersten Mal hinter dem Steuer gesessen. Jetzt geht es darum zu üben, Ihr Vehikel sowie weitere Straßentypen und -regeln kennenzulernen und unterschiedliche Verkehrssituationen zu meistern. Auch brauchen Sie einen Erste-Hilfe-Koffer, eine Werkzeugkiste für Pannen, und Sie dürfen nicht vergessen, hin und wieder zu tanken. Alle notwendigen Anleitungen hierzu finden Sie in den folgenden Kapiteln.

4 Die natürlichen Helfer

Sie werden in diesem Kapitel Naturgeistern begegnen und lernen, effektvoll mit ihnen zu arbeiten. Blicken wir hierzu vorerst über den Ozean und betrachten ein Volk, bei dem Schamanen noch sehr aktiv sind:

Bei den Pima-Indianern der Wüste Arizonas gibt es eine Krankheit, die kein anderes Volk kennt: »Kacim« oder »Verweil-Krankheit«. Als Symptom tritt generelles Unwohlsein auf. Schulmediziner sind machtlos, denn es können keinerlei Krankheitserreger festgestellt werden.

Den Pima ist aber sehr wohl bekannt, wann und wieso sie an Kacim erkranken. Die Liste der Gründe ist lang, hier einige Beispiele: Eine schwangere Frau oder deren Mann beobachtet einen sterbenden Hasen; jemand ißt zuviel Rehfett; ein Stammesmitglied tötet einen Adler.

Kacim kann nur von Schamanen geheilt werden. Diese bitten den Hasen oder das Reh mit speziellen Liedern um Verzeihung. Falls das Tier die Entschuldigung akzeptiert, wird der Patient wieder gesund.

Das klingt für uns etwas abstrus: Wieso sollte eine schwangere Frau nicht einem sterbenden Hasen zusehen dürfen? Wieso darf ausgerechnet Rehfett nicht im Übermaß genossen werden?

Die Gründe liegen im engen Kontakt der Pima mit Naturgeistern. Jedes Element der Natur ist nach dieser Vorstellung von einem Geist erfüllt, dessen Eigenschaften sich aus den typischen Merkmalen dieses Elementes ableiten lassen: Eine Gazelle symbolisiert Geschwindigkeit, ein Bär Stärke, ein Hase Vermehrung, ein Reh Eleganz, das Wasser Flexibilität und eine Eiche Dauerhaftigkeit. Durch die Kontaktaufnahme mit einem Naturgeist können dessen Eigenschaften übernommen werden. Braucht ein Schamane beispielsweise Stärke, so sucht er den Geist eines Bären auf.

Naturgeister sind von immenser Bedeutung für dieses Volk. Im Laufe der Zeit haben die Pima deshalb »Spielregeln« für den Umgang mit ihnen entwickelt. Wird dagegen verstoßen, so leidet der »Schuldige« an Kacim. Es ist dann die Aufgabe des Schamanen, den Naturgeist zu versöhnen und alles wieder ins Gleichgewicht zu bringen.

Keine Angst – wenn Sie mit Naturgeistern arbeiten, werden Sie nicht an Kacim leiden. Im Gegenteil, Sie werden zusätzliche Kraft und Energie erhalten. Wieso bei den Pima ausgerechnet der Konsum von Rehfett oder das Beobachten eines sterbenden Hasens Kacim auslöst, werde ich im Verlauf dieses Kapitels noch erklären

Nach Überzeugung vieler Schamanen besteht die physikalische Welt aus den vier Elementen Feuer, Wasser, Luft und Erde. Das Zusammenspiel dieser Elemente läßt Leben entstehen, also Tiere, Pflanzen und Steine. Die Knochen eines Tieres, seine Haut und alle Organe bestehen aus Teilen der Erde. Wasser dient als Transportmittel (Wasser macht das Blut flüssig). Feuer gibt den Antrieb (Tiere »verbrennen« Nahrung), wozu Sauerstoff, also Luft, notwendig ist.

Alle Naturelemente und alle Tiere, Pflanzen und Steine haben Eigenschaften, die für den Schamanen wertvoll sind und die er zuweilen auf sich selbst übertragen möchte. Sein Vorgehen ist denkbar einfach: Entweder stellt er sich während einer Tätigkeit immer wieder das entsprechende Element oder Lebewesen vor (beim Joggen beispielsweise ein Reh), oder er tritt in die spirituelle Welt ein und bittet seinen Helfer, ihm die gewünschten Eigenschaften zu übertragen. – Dies nur als Hinweis im voraus, wir werden dergleichen selbstverständlich viel üben müssen. – Es ist wichtig, jeweils das richtige Naturelement zu verwenden, um die Übertragung unerwünschter Eigenschaften zu verhindern. Es ist somit nötig, die einzelnen Elemente und Lebewesen genau kennenzulernen. Betrachten wir hierzu zuerst diese vier Naturelemente und gehen nachher auf Tiere, Pflanzen und Steine ein.

Das Element Feuer

Typisch für das Feuer ist einerseits seine *Nützlichkeit* und andererseits seine Fähigkeit, große *Zerstörung* anzurichten: Es spendet Wärme, und Verbrennungsprozesse liefern den Antrieb für unseren Körper und unsere Maschinen. Andererseits kann dieses Element ganze Häuser, Wälder oder sogar Landstriche vernichten. So verheerend diese zerstörerische Eigenschaft sein mag, ist sie nicht nur als negativ zu betrachten, denn vorgängige Vernichtung ist oft notwendig, damit Neues entstehen kann. In natürlichen Kreisläufen erfüllen Brände den Zweck, die Vegetation zu »verdünnen«, damit Platz für neue Pflanzen entsteht und zugleich der Boden wieder mit Nährstoffen versorgt wird. Die Samen gewisser Pflanzen warten sogar auf solche Situationen und können erst dann keimen, nachdem sie der Hitze eines Feuers ausgesetzt wurden. Selbst nach großen, außer Kontrolle geratenen Feuern, die ganze Landstreifen niederbrennen, können im nachhinein ungeahnte Vorteile entstehen: Als ein Großteil des Yellowstone-Nationalparks in den USA niederbrannte, wurde dies fast ausnahmslos bedauert. Diese Meinung hat sich in der Zwischenzeit geändert, weil durch den Brand der enorme und für den Park sehr schädliche Besucherstrom reduziert werden konnte. Nun hat er Zeit, sich in Ruhe zu erholen. Im umgekehrten Sinn ging es der Stadt Luzern, als die historische Kappell-Brücke niederbrannte. Dadurch, daß während einiger Zeit das Augenmerk auf dieser Stadt lag, konnte eine signifikante Erhöhung der in letzter Zeit bedenklich zurückgegangenen Hotelübernachtungen festgestellt werden.

Die wichtigsten Aspekte des Feuers sind also die Energiegewinnung und die Beseitigung von Altem, damit Neues entstehen kann, also die *Erneuerung*.

Es sind denn auch diese Eigenschaften, von denen Schamanen hauptsächlich profitieren: Mit Energie kann der Körper bewegt, ein Projekt in Gang gesetzt oder die Wahrnehmung intensiviert werden. Auf diese Art habe ich das Feuer schon erfolgreich dazu verwendet, Ingenieurprojekte, für die ich zuständig bin, termingerecht durchzuführen. Mit dem Feuer können auch die Verbrennungsprozesse im Körper angeheizt und damit mehr Kalorien verbraucht werden. Eine sehr gute Anwendung für alle, die an Gewichtsproblemen leiden.

Das Merkmal Zerstörung wird eingesetzt, um Veränderungen, Heilungen, Reinigungen oder Entgiftungen einzuleiten, alles Prozesse, welche eine vorgängige Entfernung von schädlichen Eigenschaften bedingen. So verbrennen Schamanen beispielsweise Krankheitserreger oder Gifte in der spirituellen Welt, um sie auch in der alltäglichen Welt zu vernichten.

Die Möglichkeit, mit großer Hitze oder Feuer zu reinigen, sei hier besonders betont. Als Vorbereitung für Visionen säuberten sich Schamanen im Rahmen von

Ritualen, die in Form von Saunas, indianischen Schwitz-hütten oder im symbolischen Sinne in der zeremoniellen Pfeife weiterleben.

Verbunden mit seiner vernichtenden Eigenschaft wird das Feuer häufig benützt, um in die spirituelle Welt einzutreten. Dabei wird die physikalische Welt verlassen, indem diese symbolisch verbrannt wird. Diese Methode mag effektiver sein als die im vorhergehenden Kapitel vorgeschlagene Höhle, dafür ist die Rückkehr meines Erachtens erschwert.

Für einige Schamanen ist die Arbeit mit Feuer so intensiv, daß sie sich mit dem Geist des Feuers verschmelzen können. Das geht so weit, daß sie gegenüber der zerstörerischen Wirkung immun werden. Diese Schamanen können sich also längere Zeit ohne Verbrennungserscheinungen aufzuweisen im Feuer aufhalten. Noch heute ist diese Fähigkeit eine beliebte, hauptsächlich in Indien und auf den südpazifischen Inseln verbreitete Bewährungsprobe für schamanisches Können.

Erwähnenswert ist noch die schamanische Verwendung des Feuers für das sogenannte Flammenlesen. Hier konzentriert man sich auf eine Frage und betrachtet gleichzeitig die Flammen. Diese können dann beispielsweise Formen von Gesichtern oder Situationen annehmen, welche die Frage beantworten oder wichtige Erkenntnisse liefern.

Feuergeister werden in mancher Tradition mit dem Adler in Verbindung gebracht. Der Adler ist der am höchsten fliegende Vogel und kommt somit am nächsten zur Sonne, einem weiteren Symbol des Feuers. Auch in der europäischen Tradition gibt es Feuergeister, oft als menschenähnliche Wesen beschrieben, die in den Flammen leben.

Um Ihnen das Wesen des Feuers direkt vorzustellen, möchte ich Sie einladen, einen Feuergeist zu treffen.

Der Kontakt mit Feuergeistern

Um mit Feuergeistern Kontakt aufzunehmen, suchen Sie die Nähe eines Feuers auf. Hervorragend eignen sich hierzu kleinere Feuer im Garten. Selbstverständlich funktioniert es auch mit einer Kerze zu Hause. Bei dieser Übung sollte jemand bei Ihnen sein und die Situation unter Kontrolle behalten, damit keine Gefahren für Sie oder Ihre Umgebung entstehen – ich verursachte unvorsichtigerweise einmal fast einen Wohnungsbrand! Schauen Sie nun in die Flammen und entspannen Sie sich dabei. Fragen Sie nach Ihrem spirituellen Helfer und bitten Sie ihn, Ihnen die Feuergeister vorzustellen. Sie können nun die Augen schließen und Ihrem spirituellen Helfer folgen oder die Augen offen behalten, wobei Sie Formen, eventuell sogar Gesichter in den Flammen sehen werden.

Der Kontakt mit dem Feuer ist besonders hilfreich, wenn Sie Veränderungen, Heilungen oder Entgiftungen einleiten oder Ihre Lebensenergie erhöhen wollen. Beispielsweise bietet der Einfluß der Feuergeister häufig Abhilfe für Menschen mit Gewichtsproblemen.

Wenn man bei Abmagerungskuren weniger ißt, dann geht auch der Umsatz des Körpers zurück, was dazu führt, daß diese Maßnahme weniger nützt, als sie sollte. Indem Sie sich mehrmals täglich ein Feuer vorstellen oder mit einem Feuergeist Kontakt aufnehmen und ihn dann bitten, den Körperumsatz zu steigern, können Sie Ihren Kalorienverbrauch trotzdem hoch behalten.

Das Element Wasser

Auch dem Wasser wohnt enorme Kraft inne. Diese kann äußerst *kreativ* sein: Das Leben entstand im Meer, unsere Landschaft wurde durch Regen, Gletscher und Flüsse geformt, und die Menge an Niederschlägen bestimmt, ob wir uns nun in einer Wüste oder in einem Regenwald befinden. Wasser hat andererseits – wie das Feuer – ein großes zerstörerisches Potential: Ganze Talschaften oder Küstenstreifen können bei Überschwemmungen mitgerissen werden, ein wandernder Gletscher ist unaufhaltsam, und eine Lawine kann ein Dorf restlos vernichten. Überwältigend sind die vielen Formen des Wassers: Schnee, Nebel, Bäche, Flüsse, Seen, Meere, Eis, Regen, um nur einige zu nennen.

Mensch, Tier und Pflanze sind vom Wasser abhängig, ohne Flüssigkeit können Menschen keine drei Tage überleben. Ebenso hätten wir auch bald nichts mehr zu essen, denn ohne Regen würden unsere Felder keinen Ertrag abwerfen, und ohne Meerestiere wäre vielerorts die menschliche Existenz unmöglich. Entsprechend groß ist auch unser technologischer Aufwand zur Kontrolle und Verwendung des Wassers mit Lawinenüberbauungen, Flußkorrekturen, Wasserkraftwerken, Bewässerungssystemen und dergleichen.

Auch in stark spirituell orientierten Gesellschaften war die Kontrolle des Wassers wichtig, nur wurde diese vom Schamanen bewerkstelligt. Werfen wir deshalb einen Blick zurück: Unsere Vorfahren kannten die positive und negative Kraft des Wassers nur zu gut und hatten entsprechend Respekt. Die Gewässer waren von Nixen, wunderschönen Frauen – halb Mensch, halb Fisch –, bewohnt. Wenn sie gerade gut gestimmt waren, konnten sie einem Menschen in Not helfen, verlangten aber hierfür häufig große Opfer. So muß im Märchen »Die Nixe im Teich« ein Müller seinen Sohn aufgeben, um reich zu werden. Einen ähnlichen Ruf hatten auch die Sirenen der griechischen Mythologie, die zwar wunderbar singen konnten und vorbeifahrende Seefahrer anlockten, diese dann aber töteten.

Auch andere Völker, so die Indianer Nordamerikas, sahen die Gewässer von vielen kleinen Geistern bewohnt. Der Kontakt mit ihnen konnte gefährlich sein, aber auch große Vorteile bringen. Es lag in der Verantwortung der Schamanen, den Kontakt mit ihnen herzustellen. Sie konnten beispielsweise aus wenig Wasser große Wolken entstehen lassen, die dann zu anhaltendem Regnen angeregt wurden, konnten das Eis zugefrorener Flüsse zum Schmelzen bringen, Überschwemmungen abwehren oder die Wettertendenzen über eine ganze Jahreszeit hinaus voraussagen und teilweise beeinflussen. Aber auch hier war oft eine Gegenleistung zu erbringen: Manche Stämme tanzten tagelang, opferten einen Teil ihrer Ernte oder auferlegten sich ein durch viele Tabus stark eingeschränktes Gesellschaftssystem.

Ein typisches Beispiel bilden die Inuit (übersetzt »Menschen«, die einst schmähend Eskimos – »Rohfleischfresser« – genannt wurden und unter dieser Bezeichnung bekannt sind): Hier war Sedna, die Göttin des Meeres, verantwortlich für die Meerestiere, welche die wichtigste Lebensgrundlage in diesen nördlichen Breitengraden darstellten. War Sedna wohlgesinnt, konnte der Stamm mit ausreichender Nahrung rechnen. Andernfalls konnte Sedna mit Stürmen oder übermäßiger Kälte großes Unheil anrichten. Es lag in der ausdrücklichen Verantwortung des Dorfschamanen, oft zu Sedna zu reisen, um von ihr zu erfahren, wie das Volk gegen die zahlreichen Tabus (zum Beispiel durfte sich eine Frau eine Zeitlang nach der Geburt eines Kindes nicht kämmen) verstoßen hatte. Er konnte einerseits um Vergebung bitten oder Maßnahmen entgegennehmen, meist in Form weiterer Tabus, um die Verstöße zu sühnen.

Wie arbeiten Schamanen mit dem Wasser? Erinnern wir uns hierzu vorerst daran, daß aus schamanischer Sicht alles, also auch das Wasser, lebt, ein Bewußtsein hat und reagieren kann. So hat Wasser, wie jedes andere Lebewesen auch, neben dem sichtbaren, physikalischen Aspekt, auch einen spirituellen Teil – einen Geist. Schamanen nehmen mit den im vorhergegangenen Kapitel dargestellten Methoden mit den Geistern des Wassers Kontakt auf und können diese um einen Gefallen oder Hilfe bitten. Betrachten wir diese Wassergeister etwas genauer und versuchen wir sie dann zu treffen.

Die Wassergeister

Da Wassergeister ebenfalls an einer Kommunikation mit Menschen interessiert sind, nehmen sie oft eine Form an, die den Menschen anspricht. Da dem Wasser weibliche Eigenschaften zugesprochen werden, ist es leichter für Wassergeister, in weiblicher Gestalt zu erscheinen, z. B. als Nixe oder als Sirene. Wassergeister können aber auch in Gestalt älterer Männer erscheinen (Wassermann, Nöck), die wie Nixen einen Fischschwanz statt Beine haben. Wassergeister sind schüchtern und zeigen sich meist erst dann, wenn sie sich von den guten Qualitäten eines Menschen überzeugt haben. Wenn man den Kontakt mit dem Wasser sucht, ist es deshalb empfehlenswert, sich respektvoll dem Wasser zu nähern.
Der erste Kontakt zu den Wassergeistern erfolgt am besten über das Gehör. Ich möchte Sie deshalb einladen, einmal dem Gesang der Nixen zu lauschen.

Der Gesang der Nixen

Nixen hört man am ehesten in der Nähe rauschender Gewässer singen. Tosende Bergbäche oder Strände mit hohen Wellen eignen sich besonders gut. Suchen Sie sich in der Nähe Ihres gewählten Gewässers einen bequemen Platz und stellen Sie, wie bei allen spirituellen Kontakten, einen Wecker auf eine halbe Stunde, um die Rückkehr in die physikalische Welt sicherzustellen. Beobachten Sie vorerst die verschiedenen Strömungen im Wasser. Lassen Sie dabei allmählich alle anderen Gedanken los. Sobald Sie sich bereit fühlen, schließen Sie die Augen und nehmen mit Ihrem spirituellen Helfer Kontakt auf. Äußern Sie Ihren Wunsch, dem Gesang der Nixen zu lauschen, und bitten Sie um Hilfe und Schutz, damit die Nixen Ihnen keine Streiche spielen. Konzentrieren Sie sich nun vollständig auf die Töne des Wassers, es sein denn, Ihr spiritueller Helfer gibt Ihnen andere Anweisungen. Beachten Sie zuerst nur das Rauschen, bevor Sie sich nach einigen Minuten auf die hohen Töne zu konzentrieren beginnen. Sicher werden Sie dann bald die ersten Rufe der Nixen hören. In den meisten Fällen hören Sie zuerst, wie die Nixen einander zurufen, und erst später werden Sie das eigentliche Singen wahrnehmen. Möglicherweise rufen die Nixen auch Ihren Namen oder sagen Ihnen sogar etwas. Manchmal werden auch männliche Nixen mitmachen. Diese werden Sie sofort an den viel tieferen Tonlagen erkennen.

Der Aufwand, den Nixen zu lauschen, lohnt sich, der Gesang ist so schön, daß Sie ihn niemals vergessen werden. Von all meinen Kontakten mit Naturgeistern war dies bisher der entzückendste und hinreißendste. Beschränken Sie aber unbedingt die Zeitdauer. Hören Sie auf, wenn der Wecker läutet oder wenn Sie entsprechende Anweisungen von Ihrem spirituellen Helfer bekommen. Bedanken Sie sich bei den Nixen, freuen Sie sich über das, was sie gehört haben, und kehren Sie wieder in die physikalische Realität zurück.

Wenn an Ihrem Gewässer Ertrinkungsgefahr besteht, sollten Sie unbedingt jemanden mitnehmen, der während dieser Zeit auf Sie aufpaßt. Mir passiert es fast jedesmal, daß ich derart hingebungsvoll lausche, daß ich nicht mehr wahrnehme, was um mich herum geschieht und es vermutlich auch nicht merken würde, wenn ich in den Bach gezogen oder von der Flut des Meeres überrascht würde.

Die Kommunikation mit Wassergeistern erfolgt hauptsächlich über unsere Gefühle. Sie sind von Natur aus meist weiblich, und Sie werden vor allem als Mann feststellen, daß das Singen der Nixen Sie sexuell erregt.

Der Kontakt mit Wasser macht uns auch flexibler, erweckt unsere Sensibilität, macht uns romantischer und unterstützt unsere Kreativität.

Wenn Sie merken, daß Sie die Wassergeister gut hören können, fragen Sie nach einem spirituellen Helfer aus dem Wasser. Mit Wasser ist der spirituelle Kontakt recht einfach aufzubauen, und die Kräfte, die dort wirken, sind sehr groß – und aus diesem Grunde auch gefährlich.

Hören Sie auf Ihren spirituellen Helfer! Dieser ist untrüglich beim Erkennen schlechter Geister; stoppt er Sie, dann brechen Sie die Übung unverzüglich ab. Beachten Sie seine Anweisungen, dann kann Ihnen nichts geschehen.

Das Element Luft

Da die Luft in alles eindringt und alles umgibt, eignet sie sich sehr gut als Trägersubstanz: Wetter, Sprache, Gedanken, Duft- oder Schadstoffe, Radiowellen, Sauerstoff werden alle durch die Luft übertragen. Die Luft macht sich am direktesten in Form von Wind bemerkbar. Hier ist ein erstaunliches Spektrum von Formen möglich, die vom Lüftchen oder Hauch bis zum heftigen Sturm reichen.

Für Schamanen stellt die Luft etwas Leichtes, Umfassendes und Bewegtes dar. Sie sehen deshalb einen Zusammenhang mit den geistigen Fähigkeiten des Menschen. Bei einigen Indianerstämmen, wie dem der Navajo, bringt bei der Geburt eines Kindes der Wind seinen Geist: Er dringt mit den ersten Atemzügen in das Kind. Andere Stämme glauben, daß der Wind dem Menschen verschiedene Merkmale verleiht, und veranstalten Taufen mit Wind – analog zum Wasser bei den Christen.

Schamanen nutzen auch die Trägerfunktion der Luft, um unter anderem das Wetter zu beeinflussen. Mit Hilfe von Windgeistern können Wolken an die gewünschten Orte gebracht, auf die Temperatur eingewirkt oder zerstörerische Wirbelstürme abgeschwächt werden. So konnte ein amerikanischer Schamane, *Serge King*, einen Orkan abwenden, der die Küste von Texas bedrohte.

Luftgeister werden in der europäischen Kultur Sylphen genannt. Oberon, der Elfenkönig, war zum Beispiel ein Luftgeist. In unserem Denken ist der Adler eng mit der Luft und nicht, wie bei einigen Indianerstämmen, mit der Sonne verbunden. Im Mittelalter stand ein Adler auf dem Wappen für Stärke, Ansehen und Weitsicht.

Die Luftgeister der nordamerikanischen Indianer konnten sowohl menschliche Formen annehmen als auch als Tiere erscheinen, oft als Vögel und Schmetterlinge; letztere wegen ihrer Metamorphose vom Raupen- über das Puppenstadium zum Schmetterling.

Versuchen Sie nun, einen Windgeist aufzuspüren!

Das Aufspüren von Windgeistern

Wählen Sie einen ruhigen, erhöhten und windexponierten Ort im Freien. Falls Sie an einem windigen Tag dort sind, schließen Sie die Augen, entspannen Sie sich und

spüren Sie eine Zeitlang den Wind. Nehmen Sie allmählich Kontakt zu Ihrem spirituellen Helfer auf und bitten
Sie ihn, Ihnen beim Aufspüren der Windgeister behilflich
zu sein. Windgeister werden am leichtesten akustisch
wahrgenommen.

Sie können auch an einem windstillen Tag einen geeigneten Ort aufsuchen. Öffnen Sie aber nach dem Entspannen die Augen wieder und prüfen Sie, ob ein ganz
schwacher Wind aufgekommen ist, ob Sie einen Schmetterling oder einen Vogel sehen, der plötzlich in Ihre Nähe
kommt: alles mögliche Zeichen von Windgeistern.

Als ich an diesem Kapitel arbeitete und während einer
Pause einen Spaziergang machte, kam unerwartet ein
sehr heftiger Wind auf. Er blies in alle Richtungen und ich
hatte zeitweise Mühe, vorwärts zu kommen. War das Zufall? Ich denke nicht, der Wind spürte sicherlich, daß ich
mich intensiv mit ihm beschäftigte.

Die Windgeister können zur Hilfe gezogen werden, um
Klarheit über gedankliche Prozesse und deren Verbindung zur Spiritualität zu bekommen.

Das Element Erde

Kommen wir zum letzten der vier Naturelemente, der
Erde. Im Gegensatz zu den anderen Elementen hat die
Erde eine konkrete Form, sie ist solid, ein fester Baustein
und damit das Kernstück der physikalischen Welt. Natürlich versuchen Schamanen die Fruchtbarkeit, die Verwendung als Bausubstanz und andere Eigenschaften der
Erde positiv zu beeinflussen, aber die Hauptbedeutung
der Arbeit mit Erdgeistern liegt in der Möglichkeit, das
Physikalische zu erleben. Hier bekommt die Substanz eine Form und wird damit leicht greifbar. Materie bietet
auch Schutz und Sicherheit für unseren eigenen Geist,

dafür sind wir mit einer gewissen Trägheit behaftet, das heißt, begonnene Veränderungen können nicht sofort greifen. Die Erdgeister sind deshalb stark auf das physikalische und damit auf das praktische Leben ausgerichtet. In unserer Kultur werden sie als Zwerge, Kobolde, Heinzelmännchen, Unterirdische und Gnomen bezeichnet. Diese werden als klein, alt, meist in menschlicher Form dargestellt. Manchmal tragen sie eine Zauberkappe, die ihnen spezielle Kräfte verleiht und sie unsichtbar machen kann. Sie sind geschickt in bäuerlichen Arbeiten, im Schmieden und Backen. Heinzelmännchen sind dafür bekannt, daß sie Hausarbeiten sehr schnell verrichten können.

Bei den Indianern können Erdgeister auch menschliche Formen annehmen, die Darstellung als Schildkröte wird jedoch vorgezogen: Dieses Tier besitzt eine harte Schale, die Sicherheit und Schutz bietet. Die Schildkröte ist zwar langsam und stellt damit die Trägheit der physikalischen Welt dar, kann aber mit Beharrlichkeit ihr Ziel dennoch erreichen.

Es ist nicht sehr schwierig, mit Zwergen, Kobolden oder anderen Erdgeistern Kontakt aufzunehmen. Meist werden Sie sie zu Beginn nicht sehen, sondern nur hören, aber auch das allein ist schon sehr interessant.

Kontakt mit Erdgeistern

Um Zwerge oder Kobolde zu treffen, suchen Sie auch hierfür in der Natur einen Ort, an dem Sie das Gefühl haben, es könnten Zwerge vorkommen. Dies sind meist etwas verlassenere Orte, die vom Menschen nicht mehr oder nur noch selten genutzt werden: alte Scheunen, ehemalige Siedlungen in den Bergen oder selten besuchte und überwucherte Schloßruinen.

Bei dieser Übung brauchen Sie die Unterstützung Ihres spirituellen Helfers. Falls es Ihnen im 3. Kapitel nicht gelungen ist, einen zu treffen, wäre dies eine gute Gelegenheit, es nochmals zu versuchen.

Entspannen Sie sich, stellen Sie sich Ihren Eingang vor und treffen Sie dort Ihren Helfer. Bitten Sie ihn, Sie mit Erdgeistern bekannt zu machen. Sie werden dann irgendwohin geführt, vielleicht hören Sie das emsige Treiben der Zwerge, vielleicht dürfen Sie von Ferne ein Zwergendorf beobachten, oder vielleicht dürfen Sie sogar mit einem Kobold sprechen. Letzteres geschieht zwar meist erst nach einigen Kontakten, sollte es aber bereits beim ersten Mal vorkommen, erschrecken Sie nicht, sondern behandeln Sie diese Wesen wie Menschen und sprechen Sie ganz normal mit ihnen. Sie können dabei sehr viel lernen. Bleiben Sie immer an der Seite Ihres Helfers, und kehren Sie in die physikalische Welt zurück, sobald er findet, es sei genug.

Meine ersten Erlebnisse mit Zwergen hatte ich auf einer überwucherten und verlassenen Alp in Norditalien. Ich hörte zuerst intensives Hämmern, bevor ich ein richtiges Zwergendorf besuchen durfte. Es war wie ein Dorf bei uns: Es gab Bauern und Handwerker, Männer, Frauen und Kinder, die jedoch viel emsiger arbeiteten, als es bei uns der Fall ist. Ich war jedoch nur Beobachter, es schien, als würden die Zwerge mich nicht bemerken.

Vergessen Sie auch bei dieser Übung auf keinen Fall die üblichen Vorsichtsmaßnahmen (Wecker, spiritueller Helfer)! Nicht alle Zwerge sind nützlich, es gibt durchaus gemeine darunter, die gerne böse Streiche spielen. Auf der gleichen italienischen Alp versteckten sie mir einmal eine Wanderkarte, die ich nur dank meiner spirituellen Helfer wiederfinden konnte.

Nehmen Sie häufig mit Zwergen oder Kobolden Kontakt auf, falls es Ihnen an Beharrlichkeit, Entschlossenheit,

Scharfsinn oder Organisation fehlt. Die Erdgeister sind darin Meister. Schon allein die Beschäftigung mit Zwergen wird diese Eigenschaften bei Ihnen fordern, nach einigen Treffen werden Sie auch mit ihnen kommunizieren können und sie so um wertvolle Tips bitten können. Zwerge können Ihnen auch helfen, ein Ziel in der spirituellen Welt zu erreichen, damit es in der physikalischen ebenfalls gelingt. Sie können beispielsweise einen Zwerg bitten, Ihnen bei der Organisation eines Festes zu helfen: Sie stellen mit ihm zusammen das Fest vorerst in der spirituellen Welt auf die Beine. Sie werden sehen, wie danach die Organisation in der physikalischen Welt viel einfacher abläuft!

Sie haben nun einen Eindruck, wie aus schamanischer Sicht mit den Naturelementen gearbeitet werden kann. Diese Elemente verbinden sich zur enormen Vielfalt von Formen, die wir in unserer physikalischen Welt vorfinden. Genauso wie die Naturelemente, können auch diese Formen für spirituelle Arbeit verwendet werden. Für Schamanen sind Tiere, Pflanzen und Steine die beliebtesten Formen. Beginnen wir mit den Tieren.

Krafttiere

Unser gegenwärtiges Verhältnis zu Tieren ist sehr widersprüchlich und wird durch deren wirtschaftliche und emotionale Bedeutung bestimmt: Haustiere wie Hund und Katze werden in einem fast übertriebenen Maße umsorgt, landwirtschaftliche Nutztiere bestenfalls noch gepflegt, meist leider wie leblose Sachen behandelt und die übrigen Tiere bestenfalls ignoriert, aber oft auch als lästig oder schädlich betrachtet und entsprechend bekämpft. Schamanen haben hier ein ganz anderes Weltbild, schon allein dadurch, daß sie sich mit allen Tieren verbunden fühlen und davon ausgehen, daß jedes Tier im komplexen System des Lebens sowohl in der physikalischen als auch in der spirituellen Welt eine Funktion erfüllt. Aus diesem Grund behandeln Schamanen alle Tiere respektvoll. Erinnern wir uns an die erwähnte Kacim-Krankheit, die auftritt, sobald der Geist eines Tieres durch das Brechen eines Tabus beleidigt worden ist.

Doch trotz seines respektvollen Umgangs mit Tieren wird ein Schamane sich natürlich wehren, falls er von einem Tier angegriffen werden sollte, oder das Fleisch eines Tieres verzehren, wenn er Hunger hat. Er wird aber »aus Spaß« oder nur aus Geldgier – Fell, Stoßzahn, Jagdtrophäe – und Geltungssucht kein Tier umbringen. Er nimmt sich nur, was er zum Überleben braucht beziehungsweise etwas, um seinen Hunger zu stillen. Auch wird er immer den Gesamtzusammenhang betrachten und die Konsequenzen abzuschätzen versuchen, bevor er ein Tier tötet. So wird er, falls eine Tierart bedroht ist, dort nicht gerade noch mehr Schaden anrichten.

Für die spirituelle Arbeit mit Tieren nimmt ein Schamane mit sogenannten Krafttieren Kontakt auf. Dies sind Geister mit den Eigenschaften der Tiere, die sie repräsentieren: Stärke, Alter, Geschwindigkeit, Aussehen, Farbe, Größe, Verhalten und ähnliches.

Diese Eigenschaften können bestimmte Vorhaben des Schamanen unterstützen oder auch der Verdeutlichung philosophischer Gedanken dienen. Da eine solche Vielzahl von Tieren mit den unterschiedlichsten Merkmalen mit uns lebt, gibt es für alle vorstellbaren Tätigkeiten ein entsprechendes Krafttier, das uns dabei helfen kann. Dank dieser Vielfalt kann auch jeder Gedanke oder jede Weisheit mit Hilfe eines Tieres dargestellt werden.

- So stellte der **Büffel** für die meisten nordamerikanischen Indianerstämme alles zum Leben Notwendige zur Verfügung. Das Fleisch konnte gegessen, das Fell für die Kleidung oder Behausung verwendet und die Knochen für Werkzeuge benützt werden. Der Büffel symbolisiert deshalb die vollständige Abhängigkeit des Menschen von der Natur, aber auch die Chance, daß die Natur für alle Bedürfnisse aufkommt. Vom Büffel können Menschen Selbstlosigkeit, Pflichtbewußtsein und Großzügigkeit lernen.

- Die **Ameise** ist ein kleines, sehr starkes, Staaten bildendes Insekt. Da eine Ameise bis zum Vierfachen seines Körpergewichts zu tragen vermag, verwenden Schamanen dieses Tier zur Förderung der eigenen Stärke sowohl in körperlicher wie in seelischer Hinsicht. Wegen ihrer ausgesprochen sozialen Lebensweise kann die Beschäftigung mit der Ameise das Gruppen- und Zusammengehörigkeitsgefühl fördern.

- Das grazile **Reh** ist sehr schüchtern und wachsam. Für den Schamanen kann das Reh bei Eigenschaften wie Sensibilität, Wachsamkeit, Eleganz und ähnlichem unterstützend wirken. Kommen wir hier auf die Krankheit der Pima zurück: Da Fett genau das Gegenteil von Eleganz oder Sensibilität fördert, wird bei übermäßigem Rehfettkonsum die falsche Eigenschaft des Rehs übernommen. Es kommt zu einem Ungleichgewicht, welches sich in der besagten Krankheit äußert.

- Beim **Hund** ist der Geruchssinn ein hervorstechendes Merkmal. Damit kann der eigene »Riecher« oder das instinktive Gefühl für den richtigen Pfad entwickelt werden. Der Hund kann somit bei Entscheidungen helfen.

- Eine **Katze** liegt oft stundenlang herum und schläft oder streift sich anschmiegsam an unseren Beinen. Sie können aber auch hingebungsvoll spielen, und vor allem nachts sind sie hellwach und ergreifen im Sprung ihre Beute. Dieses Verhalten stellt für viele den Sexualtrieb dar.

- Da **Hasen** sich außerordentlich rasch vermehren, symbolisieren sie die Fortpflanzung. Schwangere Frauen dürfen – um wieder auf das Beispiel der Pima zurückzukehren – keinem sterbenden Hasen zuschauen, weil dieser das Ende der Fortpflanzung symbolisiert.
- Von allen Vögeln fliegt der **Adler** am höchsten. Er sieht die Welt deshalb am klarsten. Aus diesem Grund stellt er die Verbindung zwischen der physikalischen und der spirituellen Welt dar.

Auf diese Weise können Sie für ein beliebiges Tier anhand der hervorstechenden Eigenschaften herausfinden, wie es Ihnen helfen kann. Hier einige Beispiele:
- **Weisheit:** *Eulen* gelten von jeher als Symbol der Weisheit. Ihr großer Kopf, ihre wachen Augen und ihre Gelassenheit mögen einige Gründe dafür sein.
- **Vertrauen:** Da der *Lachs* alles daransetzt, zur Eiablage an seinen Geburtsort zurückzukehren, wird er mit Vertrauen bzw. Vertrauenswürdigkeit in Verbindung gebracht.
- **Liebe:** Der *Wolf* ist ein ausgesprochenes Familien- und Gemeinschaftstier und stellt das Gemeinwohl oft über sein eigenes. Ein solches Verhalten ist nur mit Liebe möglich.
- **Erneuerung:** Durch sein ständiges Graben erneuert der *Regenwurm* unaufhörlich die Erde.
- **Geduld:** Die *Schildkröte* ist zwar langsam, kommt dank ihrer Beharrlichkeit aber dennoch ans Ziel.

Mit Hilfe von Tierbüchern können Sie weitere Assoziationen selber vornehmen. Es gibt auch eine Reihe von esoterischen Büchern auf dem Markt, die Ihnen diese Arbeit abnehmen. Oder – noch eleganter – fragen Sie doch Ihren spirituellen Helfer. Kommen wir nun zu einem Anwendungsbeispiel:

Förderung der körperlichen Leistung mit Hilfe von Krafttieren

Eine von vielen Möglichkeiten zur Anwendung von Krafttieren ist die Förderung der eigenen körperlichen Leistungsfähigkeit. Wollen Sie schneller und leichter schwimmen, können Sie dies mit Hilfe des Fisch- oder des Robbengeistes erreichen. Im einfachsten Fall stellen Sie sich während des Schwimmens immer wieder Ihr gewähltes Tier vor, um so immer mehr von dessen Kraft in sich zu spüren. Mit etwas Erfahrung können Sie auch Ihren spirituellen Helfer um Unterstützung bitten und mit seiner Hilfe die Eigenschaften des Tieres übernehmen. Letzteres erlaubt eine bessere und sicherere Verwendung; der Kontakt mit Ihrem Helfer kann aber in einem lärmigen Schwimmbad erschwert sein.

Achtung: Das Tier kann Ihnen soviel Kraft geben, daß Ihr Körper möglicherweise überfordert ist. Verwenden Sie hier Ihren gesunden Menschenverstand und limitieren Sie die Strecke, die Sie zurücklegen wollen, oder die Zeit, die Sie mit Ihrer sportlichen Aktivität verbringen wollen. Weil Krafttiere die sportliche Betätigung erleichtern, kann dadurch Ihre Freude an körperlicher Bewegung zunehmen und Ihnen ermöglichen, das Physikalische schöner und intensiver zu erleben. Also eine klassische schamanische Tätigkeit: In der spirituellen Welt wird die physikalische Welt positiv verändert.

Ich selbst habe meine Jogging-Route nach der jeweiligen Topographie in verschiedene Bereiche aufgeteilt. Für jeden Abschnitt hilft mir ein anderes Tier, die spezifischen Herausforderungen zu überwinden: Das Eichhörnchen steht mir bei einer Stelle mit vielen umgefallenen Bäumen bei, der Bär unterstützt mich bei einem kurzen, aber steilen Wegstück oder das Reh bei einem langen, aber sanften Aufstieg.

Der schamanische Nutzen von Pflanzen

Was mit Tieren funktioniert, klappt auch mit Pflanzen! Sie haben für uns großen Nutzen, bilden eine unserer Nahrungsgrundlagen, und Bäume dienen zum Beispiel als Schattenspender, Wind- oder Lawinenschutz, und ihr Holz wird als Bau- oder Brennmaterial verwendet. Pflanzen enthalten viele Wirkstoffe, die zur Heilung unzähliger Krankheiten verwendet werden können. Sie sind ökologisch bedeutsam, da sie unser Abfallprodukt Kohlendioxid verarbeiten und den für uns lebensnotwendigen Sauerstoff produzieren.

Vom wirtschaftlich denkenden Menschen werden gewisse Pflanzen wie Unkräuter auch als nachteilig empfunden. Aus einem schamanischen Gesichtspunkt erfüllt aber jede Pflanze – genau wie jedes Tier – eine Aufgabe. Für Schamanen haben Pflanzen drei Hauptbedeutungen:

- Sie können – analog zu Krafttieren – als **Kraftpflanzen** verwendet werden.
- Die **halluzinogene Wirkung** einiger Pflanzen erleichtert den Zugang zur spirituellen Welt.
- Die chemischen Inhaltsstoffe können zur **Linderung und Heilung** von Körperleiden benützt werden.

Kraftpflanzen

Schamanen konnten mittels Pflanzen gewisse Eigenschaften erlernen oder sich zunutze machen. Mit Vorliebe arbeiteten sie hierzu mit Bäumen, was insbesondere bei den keltischen Druiden stark ausgeprägt war. Nach dieser Vorstellung hat jeder Baum nützliche Eigenschaften, die durch seine Wachstumsgeschwindigkeit, Größe,

Lebensdauer, Form, Holzqualität, Blattform und Vorkommen bestimmt werden.

Hierzu einige Beispiele von Kraftbäumen und anderen Kraftpflanzen:

- **Eiche:** Die Eiche weist ein sehr langsames, aber stetiges Wachstum auf. Eine alte Eiche ist ein imposanter Baum, ihr Holz stark und dauerhaft. Eichen symbolisieren *Geduld* und demonstrieren, wie auch aus kleinen Anfängen *Großartiges* entstehen kann.
- **Pappel:** Pappeln wachsen sehr *schnell* und werden in wenigen Jahren bereits zu hohen Bäumen. Ihr Holz ist entsprechend weich und *wenig dauerhaft*. Pappeln helfen in Situationen, in denen rasch etwas sichtbar werden muß, warnen aber gleichzeitig davor, daß Dauerhaftes nicht mit großer Geschwindigkeit erreicht werden kann.
- **Olivenbaum:** Olivenbäume werden sehr *alt,* und es dauert sehr lange, bis sie Früchte tragen. Dieser Baum hebt hervor, wie mit *Erfahrung* und *Geduld* viel *Nutzbringendes* entstehen kann.
- **Weide:** Ihre biegbaren Äste eignen sich gut für das Flechten von Körben. Weiden können nicht nur über Samen, sondern auch über Stecklinge vermehrt werden. Dieser Baum stellt *Flexibilität* und die damit verbundene ständige *Erneuerung* dar.
- **Wald:** Er ist eine Ansammlung von Bäumen. Wälder sind schattig und befinden sich außerhalb des geschützten besiedelten Raumes. In der Dämmerung oder nachts wirken sie oft unheimlich, und ein Betreten zu dieser Zeit gleicht einer *Reise ins Unbekannte.* Das Betreten eines Waldes kann so den Eintritt in die spirituelle Welt, kann eine Vision symbolisieren.
- **Brombeere:** Diese stachelige Pflanze hat sehr schmackhafte Beeren. Sie steht für die *schönen Seiten des Lebens* innerhalb einer streitsüchtigen Umgebung.

- **Brennessel:** Sie kann unvorsichtigen Wanderern schmerzende Hautausschläge verursachen. Diese Pflanze zeigt die Notwendigkeit, *wachsam* und *prüfend* fortzuschreiten, um unangenehme Einflüsse zu vermeiden.

- **Löwenzahn:** Praktisch alle Teile dieser weit verbreiteten Pflanze können verwendet werden; die Wurzeln sind ein guter Kaffee-Ersatz, und aus den Blättern kann man Salat machen. Der Löwenzahn steht für gesunden *Pragmatismus, Anpassungsfähigkeit* und *Experimentierfreude.* Auch den *Humor* bringen viele mit ihm in Verbindung – man denke nur an die weitverbreitete Neckerei, einander die Flugsamen ins Gesicht zu pusten.

Genau wie bei Krafttieren können Sie entweder anhand der Eigenschaften der Pflanze herausfinden, wie sie Ihnen nützlich sein kann, oder Sie können entsprechend Ihren Bedürfnissen eine Pflanze auswählen, deren Eigenschaften mit den von Ihnen gewünschten Zielen harmonieren: den Olivenbaum oder die Eiche für Geduld; eine Pappel für Geschwindigkeit.

Das Vorgehen ist – wie wir bereits mehrmals gesehen haben – denkbar einfach: Sie stellen sich während Ihrer Aktivität immer wieder die betreffende Kraftpflanze vor. Damit überträgt sich die gewünschte Eigenschaft der Pflanze. Benötigen Sie beispielsweise jahrelang Geduld (vielleicht, um genügend Geld für ein Eigenheim zu sparen), stellen Sie sich beispielsweise immer wieder einen Olivenbaum vor.

Noch besser ist es, diesen Kontakt in der spirituellen Welt herzustellen.

Nehmen Sie mit Ihrem Helfer Kontakt auf und bitten Sie ihn, die Eigenschaften der erwählten Pflanze auf Sie zu übertragen.

Halluzinogene Wirkung von Pflanzen

Schon seit jeher wurden bestimmte Pflanzen eingenommen, um bei längeren und intensiveren Aufenthalten in der spirituellen Welt spezielle Kräfte zu gewinnen. Beispielsweise ist der Zugang zur spirituellen Welt bei Einnahme eines Fliegenpilzes fast garantiert, und die schamanische Reise kann bis zu acht Stunden dauern. Daß diese Praxis **sehr gefährlich** ist, demonstriert die selbstzerstörerische Verwendung suchterzeugender Drogen in unserer heutigen Gesellschaft.

Im Hinblick auf solche Gefahren verwendeten nur erfahrene Schamanen diese Pflanzen in ausgeklügelten Ritualen. In der Regel durfte nur der Schamane diese Pflanzen einnehmen, und meist tat er dies unter Ausschluß der Öffentlichkeit.

Bekannte europäische Beispiele sind Fliegenpilz, Tollkirsche, Alraune, Stechapfel und Bilsenkraut. Diese Pflanzen verhindern die Kontrolle über die Sinnesorgane und unterstützen so den Eintritt in die spirituelle Welt. Die Hexen des Mittelalters nutzten die Wirkung solcher Pflanzen und stellten daraus Salben her, die ihnen den »Flug« (= schamanische Reise) ermöglichten.

Das berühmteste amerikanische Beispiel sind die Früchte des Peyote-Kaktus. Dieser kleine, rundliche Kaktus wurde von mexikanischen Schamanen zur Unterstützung von Visionen verwendet. Alle diese Pflanzen sind bei höheren Dosen **giftig**.

Ich empfehle *auf keinen Fall* die Verwendung halluzinogener Pflanzen für den Eintritt in die spirituelle Welt. Es mag verlockend sein, da der Zugang fast mit Sicherheit gewährleistet wird und die Visionen intensiviert und verlängert werden. Die Nachteile überwiegen aber meiner Ansicht nach bei weitem. Ungenau gewählte Dosen können die Rückkehr in die physikalische Welt verhindern oder sogar zum Tode führen. Viele dieser Pflanzenextrakte machen süchtig.

Die Kontrolle über die Geschehnisse in der spirituellen Welt ist erschwert, da nicht sorgfältig mit einem spirituellen Helfer vorgegangen und nicht nach Belieben zurückgekehrt werden kann. Damit ist man allen negativen Kräften hilflos ausgesetzt. Ich rate Ihnen daher ebenso ernsthaft wie äußerst dringend von der Einnahme jedweder pflanzlicher oder anderer Drogen ab. Für Sie als Laie hätte dies ausschließlich Nachteile.

Sie haben sicher außerdem schon gemerkt, daß eine normale Vision ohne halluzinogene Pflanzen spannend genug ist.

Physikalische Heilwirkung von Pflanzen

Viele Pflanzen beinhalten chemische Stoffe, die in den körperlichen Kreislauf eingreifen und so die Symptome von Krankheiten lindern können. Da die Wirkung meist auf der physikalischen Ebene abläuft, werden dabei psychische oder spirituelle Ursachen oft nicht erfaßt. Dies bedeutet aber keinesfalls, daß Schamanen solche Methoden nicht verwenden können. Im Gegenteil, oft ist es sogar sehr nützlich, die körperlichen Symptome zu lindern, damit der Schamane oder sein Patient überhaupt fähig ist, nach den wirklichen Ursachen zu forschen.

Leidet ein Schamane beispielsweise unter Kopfweh, so sucht er natürlich in der spirituellen Welt nach Ursachen. Mit starkem Kopfweh ist es aber sehr schwierig, eine schamanische Reise anzutreten. Er bekämpft deshalb vorerst die Symptome in der physikalischen Welt mit einem Heilkraut oder – ebenso prosaisch wie effektiv – mit Tabletten.

Ein Schamane hat keine Probleme mit der Verbindung verschiedener, noch so entgegengesetzter Methoden – Hauptsache, er erreicht damit sein Ziel.
Von den vorgestellten schamanischen Anwendungsmöglichkeiten von Pflanzen ziehe ich die Arbeit mit Kraftpflanzen vor.

Gespräch mit einem Baum

Gehen Sie in einen Wald oder Park und wählen Sie einen Baum. Setzen Sie sich neben ihn, lehnen Sie sich an seinen Stamm und schließen Sie die Augen. Sie werden schnell spüren, wie die Spannung in Ihrem Körper zurückgeht und der Baum Ihnen Geborgenheit und Sicherheit vermittelt. Gehen Sie immer wieder zu Ihrem Baum, spüren und umarmen Sie ihn. Mit der Zeit wird der Baum das Vertrauen in Sie gewinnen und wird mit Ihnen sprechen. Fragen Sie Ihren Baum, wie das Leben für ihn sei, und was er Ihnen speziell sagen möchte. Sie werden oft erstaunt sein über die Antworten . . .
Eine Föhre erzählte mir vor einiger Zeit: »Ich kann mich zwar nicht so leicht bewegen wie du, aber ich sehe trotzdem sehr viel. Weil du immer so schnell an dieser Stelle vorbeirast, hast du keine Ahnung davon, was hier alles passiert. Bleibe doch einmal eine Weile . . .«
Die gleichen Konzepte funktionieren auch für Steine und Mineralien.

Steine und Mineralien

Ähnlich zu Tieren oder Pflanzen verwenden Schamanen auch Steine und Mineralien als Kraftlebewesen. Lebewesen deshalb, weil für sie – wie wir gesehen haben –

alles lebt. Steine können demnach hören, sehen, sprechen und fühlen wie andere Lebewesen auch.

Bei Kraftsteinen achtet der Schamane auf Eigenschaften wie Textur, Form, Stärke, Alter, Vorkommen und Farbe, die darauf hinweisen, wie mit Steinen und Mineralien gearbeitet werden kann.

- **Verwitterter Stein:** Ein Stein, der lange der Witterung ausgesetzt war und entsprechend rauh wirkt, kann als Symbol für *Weisheit* gelten, die nur mit viel Zeit und Lebenserfahrung errungen werden kann.
- **Runder Stein:** Ein durch einen Fluß abgerundeter Stein kann *Flexibilität* und *Anpassungsfähigkeit* darstellen.
- **Fluorit:** Fluorit, ein würfelförmiger Kristall, hat eine sehr tiefe Schmelztemperatur und wird oft als Flußmittel beim Schmelzen und Verbinden von Erzen verwendet. Fluorit zeigt, daß aus der Verbindung mit anderen – aus dem *Miteinander* – mehr wird, und es hilft bei der *Integration* von Gruppen oder Information.
- **Geode:** Geoden sind runde Steine mit einem mit Mineralien gefüllten Zentrum. Sie symbolisieren *versteckte Werte*. Die Geode zeigt also, daß oft erst hinter einer Oberfläche das Wesentliche verborgen ist.
- **Quarz-Kristall:** Wie alle Kristalle hat auch der Quarz eine geordnete Struktur. Reiner Quarz ist durchsichtig, kann aber durch Verunreinigungen verschieden gefärbt sein. Schwingquarze werden als exakte Zeitgeber verwendet. Dieses für Schamanen höchst bedeutsame Mineral *empfängt, vergrößert und leitet spirituelle Energie*. Es bringt Klarheit in die Gefühle und das Denken, kann Verunreinigungen entfernen und damit den Gesundheitszustand positiv beeinflussen.

Schamanen tragen oft einen persönlichen Kraftstein bei sich, der Merkmale aufweist, an denen er besonders interessiert ist. Diese Steine werden zum ständigen Begleiter und verleihen nicht nur Kraft, sondern auch Sicherheit, Geborgenheit und Trost. Suchen Sie sich auch einen persönlichen Kraftstein!

Ihr persönlicher Kraftstein

Nehmen Sie sich Zeit und gehen Sie hinaus in die Natur an einen Ort mit vielen Steinen, zum Beispiel an ein natürliches Fluß- oder Seeufer oder einen felsigen Abhang. Mit der Absicht, einen persönlichen Kraftstein zu finden, gehen Sie langsam an den Steinen vorbei und konzentrieren sich voll auf diese. Heben Sie ab und zu einen auf und betrachten Sie ihn genauer. Sie werden spüren, wenn Sie den richtigen Stein gefunden haben.
In einem zweiten Schritt können Sie zusammen mit Ihrem spirituellen Helfer den Geist des Steines aufsuchen und erfahren, was er Ihnen mitteilen möchte und wie er Ihnen helfen könnte.
Seit einiger Zeit trage ich einen Kristall, den ich in einem Bergbach gefunden habe, und ein Stück Obsidian aus New Mexico ständig bei mir. Während einer schwierigen Arbeitssitzung z. B., bei der alle durcheinanderredeten, hatte ich keine Gelegenheit, meine Punkte vorzubringen. Ich nahm unbemerkt meinen Kristall in die Hand, und sofort schauten alle Teilnehmer in meine Richtung und schwiegen. Nun konnte ich ungestört meine Meinung kundtun.

Einige Hinweise zu Naturgeistern

Zum Abschluß dieses Kapitels möchte ich noch einige allgemeine Bemerkungen zu Naturgeistern machen: Sie werden mit einigen der oben erwähnten Geistern viel einfacher Kontakt aufnehmen können als mit anderen und darüber hinaus bemerken, daß es noch eine ganze Reihe anderer Naturgeister gibt, die ich nicht näher beschrieben habe, zum Beispiel Sumpf-, Berg-, Wiesen-, Wüsten-, Mond- oder Sternengeister. Gehen Sie ruhig auf Entdeckungsreise und finden Sie diejenigen Geister, mit denen Sie am besten harmonieren und die Ihnen am meisten helfen können.

In vielen Kulturen wurden Systeme entwickelt, die aufzeigen, mit welchen Geistern man am ehesten Kontakt haben könnte. Dazu gehören Astrologie, Vokallehre, Numerologie und ähnliches. Diese Systeme haben sicher ihre Berechtigung, ich habe aber festgestellt, daß sie zum Teil recht widersprüchlich sind und ziehe es deshalb vor, selbst herauszufinden, was funktioniert und was nicht. Sie werden sehen, daß je nach Situation, Tageszeit, Lebensabschnitt oder gestellter Frage der Kontakt zu den verschiedenen Naturgeistern unterschiedlich gut zustandekommt. Spiritualität ist etwas sehr Persönliches, und Sie werden am meisten Nutzen daraus ziehen, wenn Sie selbst spüren und entdecken, statt das übernehmen, was für andere Leute gut sein mag.

Die Arbeit mit Naturgeistern hat meines Erachtens in der heutigen Zeit eine besondere Bedeutung: Schamanen haben – wie Sie vielleicht inzwischen aus Ihren eigenen Erlebnissen nachvollziehen können – ein ganz anderes Naturverständnis, als in unserer Gesellschaft üblich ist. Im Gegensatz zu unseren Ingenieuren und Biologen, welche versuchen, mit Staudämmen, Pestiziden, Hormonen, genetischen Veränderungen und dergleichen die Natur zu kontrollieren, versucht der Schamane mit Respekt und Liebe an die Arbeit zu gehen. Er versucht von allen Lebewesen zu lernen und deren Eigenschaften zu übernehmen, statt sie verändern zu wollen. Ich bin überzeugt, eine vermehrte Anlehnung unserer Lebensphilo-

84

sophie an die Natur könnte unseren Umweltschutzbestrebungen viel mehr nützen, als die zwangsweise Einführung vieler gutgemeinter Umweltschutzmaßnahmen wie Geschwindigkeitsbegrenzungen, CO_2-Abgaben, Benzinpreiserhöhungen und dergleichen.

Besinnungspause

Ziel dieses Kapitels war, Ihnen die Vielfalt der natürlichen Hilfeleistungen, die Ihnen in der spirituellen Welt zur Verfügung stehen, aufzuzeigen. Mit Hilfe von Naturgeistern können Sie erwünschte Eigenschaften auf sehr einfache Art erwerben. Das Vorgehen ist einfach: Sie stellen sich immer wieder den jeweiligen Naturgeist vor oder Sie bitten Ihren spirituellen Helfer, die gewünschte Eigenschaft auf Sie zu übertragen. Dabei ist es überaus wichtig, die Merkmale der Naturgeister genau zu kennen, damit Sie sich keine falschen Merkmale zu eigen machen. Lassen Sie sich stets von Ihrem spirituellen Helfer beraten!
Bleiben Sie ruhig so lange bei diesem Kapitel, bis Ihnen bei dem Gedanken an einen Kontakt mit Naturgeistern nicht mehr mulmig zumute ist.
Überstürzen Sie nichts, auch wenn Sie sofort zu den – im nächsten Kapitel aufgezeigten – Möglichkeiten zur Veränderung der Zeit und der Form fortschreiten möchten. Voreiligkeit und Leichtsinn werden stets mehr oder minder unangenehme Konsequenzen nach sich ziehen.
Generell ist es durchaus sinnvoll, die Lektüre des einen oder anderen vorangegangenen Kapitels – oder gar aller – zu wiederholen.

5 Schamanische Werkzeuge: Zeit und Form

Die Möglichkeiten, mit der Zeit zu arbeiten

Lange vor der Entdeckung Amerikas durch Kolumbus prophezeite Quetzalcoatl, der Herrscher der Tolteken, daß weiße Männer in großen Kanus mit riesigen Flügeln über den Ozean kämen. Ein Fuß dieser Männer wäre wie eine Taube, der andere wie ein Adler: Sie hätten zwar eine Religion, welche Liebe und Frieden verkündete, aber mit ihren Krallen rissen sie alles, was sie konnten, an sich, um es zu töten und zu verschlingen. Diese weißen Männer würden lange Zeit die roten Menschen beherrschen. Nach vielen Jahren würden aber die gleichen weißen Männer den Indianern sagen, sie sollten stolz auf ihre Religion sein und würden ihnen helfen, zur eigenen Weisheit zurückzukehren. Gemeinsam würde dann die schwerkranke Erde gerettet.

Aus heutiger Sicht eine verblüffende Prophezeiung, die sich zumindest zum Teil bereits erfüllt hat. Auch andere berühmte Persönlichkeiten besaßen ähnliche hellseherische Fähigkeiten: So konnte der keltische Zauberer und Prophet Merlin wichtige historische Ereignisse präzise voraussagen, und die Prophezeiungen des französischen

Astrologen Nostradamus leben bis in die Neuzeit fort, um nur zwei Beispiele zu nennen.

Wie konnten diese Leute die Zukunft so genau voraussagen? Würden wir nicht gerne selber die Grenzen der Zeit sprengen, in die Zukunft sehen und wissen, ob uns ein Projekt gelingt, ob wir einen Partner finden oder erfahren, wie die Lebensbedingungen in hundert Jahren aussehen?

Die Vergangenheit kennen wir zwar aus Geschichtsbüchern, aber was geschah wirklich? Hatten wir frühere Leben, und falls ja, wie waren sie?

Etwas mit der Zeit zu spielen ist höchst interessant: Haben Sie sich nicht auch schon gewünscht, mehr Zeit für die Vorbereitung einer wichtigen Prüfung zu haben oder um das Essen fertigzustellen, bevor die Gäste kommen? »Ich habe keine Zeit«, ist sicher eine der häufigsten Klagen, worin auch unser ständiger Streß begründet ist.

Aber manchmal haben wir auch zuviel Zeit: Frisch verliebt vergehen die Tage viel zu langsam bis zum nächsten Rendezvous, die lange Flug- oder Bahnreise will nicht enden, oder ein Vortrag langweilt uns. Hier möchten wir die Zeit verkürzen.

Es wäre also schön, je nach Bedarf, die Geschwindigkeit der Zeit verändern zu können. Daß die Zeit für unser Gefühl nicht konstant ist, haben wir zwar sicher schon alle gemerkt: Gewisse Stunden gehen schneller vorüber als andere, manche Tage wirken länger als andere. In diesem Kapitel möchte ich zeigen, wie Sie bewußt den Fluß der Zeit verändern und in andere Zeiten reisen können.

Im Gegensatz zu unserer herkömmlichen Meinung geht die Zeit in der spirituellen Welt nicht unaufhörlich geradeaus, sondern in alle Richtungen. Das heißt, die Zeit kann durchaus auch rückwärts gehen! Es gibt dort viele verschiedene Zeiten, die alle gleichzeitig ablaufen, die jedoch alle miteinander verbunden sind.

Schamanen haben über die spirituelle Welt Zugang zu diesen Zeiten und können sie verändern: Sie reisen in die Zukunft und in die Vergangenheit, sie dehnen die Zeit aus oder verkürzen sie. Und immer können sie dabei die Geschehnisse verändern.

Die Veränderbarkeit der Zeit steht im krassen Gegensatz zu vielen anderen Weltanschauungen wie Fatalismus, Prädestination oder, aus neuerer Zeit, der Genetik. Daß die Zukunft oder die Vergangenheit umgestaltet werden kann, gibt uns zwar ungeahnte Möglichkeiten und Chancen, bedingt aber, daß wir die Verantwortung für unser Leben selbst übernehmen.

Ein Schamane reist in die spirituelle Welt, ist dort also nicht mehr an unseren Zeitfluß gebunden und kann demnach die Zeit beliebig variieren. Seine Handlungen in der spirituellen Welt haben ihrerseits wieder einen Einfluß auf die physikalische Welt, so daß sie auch im Alltag zu spüren sind.

Die Zeit ausdehnen: Die Theorie

Das Phänomen hat sicher schon mancher von Ihnen einmal erlebt: Während eines Unfalls oder einer anderen lebensbedrohlichen Situation wirken Sekunden wie Minuten und Minuten wie Stunden. Wir können plötzlich in kürzester Zeit erstaunlich viel bewerkstelligen, und es gehen Tausende von Gedanken durch unseren Kopf.

Schamanen verwenden dieses Phänomen, um bewußt und nach Belieben die Zeit auszudehnen. Das mag sehr verheißungsvoll klingen, hat aber seine Kehrseite: Wenn der Körper mehr erlebt pro Zeiteinheit, dann braucht er natürlich auch entsprechend mehr Ruhe. Die hier beschriebenen Methoden eignen sich deshalb nur für die Überwindung kurzfristiger Zeitnot. Das Problem der langfristigen Zeitnot kann nur gelöst werden, indem weniger angepackt und auf unnötige Aktivitäten verzichtet wird – im nächsten Kapitel mehr darüber.

Kurzfristig mehr Zeit zu haben ist aber trotzdem interessant. Zur Veränderung der Zeit definieren Sie einen Zeitgeber, zum Beispiel den Schlag einer Trommel. Die Zeit läuft also für Sie so schnell ab, wie Sie trommeln. Als nächstes erhöhen Sie die Schlaggeschwindigkeit, womit für Sie – relativ zur übrigen Welt, die nach wie vor nach dem unveränderten Ticken der Uhr funktioniert – die Zeit entsprechend schneller abläuft. Sie können damit – wieder im Vergleich zu anderen – entsprechend mehr leisten.

In unserer physikalischen Welt funktioniert so etwas natürlich kaum: Die Zeit ist hier fest vorgegeben. In der spirituellen hingegen schon; dort sind wir ja nicht mehr an unsere alltäglichen Regeln gebunden. Da aber die spirituelle Welt die physikalische beeinflußt, können wir über diesen Umweg trotzdem einen Einfluß auf unseren Alltag ausüben.

Gewinnen wir also zuerst ein Gefühl für die Ausdehnung der Zeit in der spirituellen Welt, bevor wir diese Technik im Alltag anwenden.

Die Zeit ausdehnen: Die Methode

Sie werden nun – wie oben angedeutet – Trommelschläge als Zeitgeber verwenden. Da sich die Geschwindigkeit der Schläge im Verlauf der Übung ändern wird, können Sie entweder jemanden bitten, für Sie zu trommeln, oder die Trommelschläge vorgängig auf Tonband aufnehmen. Falls Sie keine Trommel zur Hand haben, genügt eine Kiste, ein Holzstuhl, eine Gabel und ein Glas. Denken Sie daran, Schamanen sind Pragmatiker: Alles ist zulässig, wenn es funktioniert!

Treffen Sie die üblichen Vorbereitungen für schamanische Reisen (ruhiger Ort, Entspannung) und trommeln Sie dabei mit etwa 2 bis 3 Schlägen pro Sekunde. Treffen Sie Ihren spirituellen Helfer und bitten Sie ihn um Unterstützung bei der Ausdehnung der Zeit. Ist er gewillt, Ihren Wunsch zu erfüllen, steigern Sie während einer Minute die Geschwindigkeit des Trommelns auf 4 bis 6 Schläge pro Sekunde. Geben Sie Ihrem Trommler ein zuvor abgemachtes Zeichen (Kopfnicken, Handbewegung), damit er weiß, wann er die Schlaggeschwindigkeit zu erhöhen hat. Ihr Trommler schaut auf die Uhr und verlangsamt die Schläge nach einer Minute wieder. Mit dem Tonband ist es etwas schwieriger; hier müssen Sie vorher abschätzen, wie lange Sie etwa benötigen, bis Sie Ihren spirituellen Helfer getroffen haben. Kehren Sie wieder in die physikalische Welt zurück, wenn die Trommelgeschwindigkeit wieder normal zur Anfangsfrequenz zurückgekehrt ist.

Ziehen Sie Bilanz: Was haben Sie alles in dieser beschleunigten Minute erlebt? Was erleben Sie sonst in einer Minute?

Damit die Ausdehnung der Zeit einen praktischen Nutzen hat, müssen Sie diese Technik im Alltag anwenden können.

Überwinden von Zeitnot im Alltag

Bei Zeitnot im Alltag können Sie natürlich nicht trommeln, wenigstens nicht offensichtlich – schamanische Methoden werden im allgemeinen nicht akzeptiert. Auch befinden Sie sich im Alltag in der physikalischen und nicht in der spirituellen Welt. Lassen Sie sich aber nicht davon abbringen, diese Möglichkeiten trotzdem anzuwenden.

Der Trick ist folgender: Sie gehen nur so lange in die spirituelle Welt, um die Zeit zu beschleunigen. Sie kehren unmittelbar danach zurück, ohne dabei den Zeitfluß zu normalisieren. Die Geschwindigkeitserhöhung wird sich damit teilweise auf die physikalische Welt übertragen, und Sie haben damit mehr Zeit, bis Ihr Termin fällig ist. Nachdem Ihr Bedarf nach mehr Zeit beendet ist, müssen Sie nochmals in die spirituelle Welt zurückkehren, um die Zeit wieder der normalen Geschwindigkeit anzupassen.

Ein Beispiel: Sagen wir, es ist vier Uhr, und Sie wollen unbedingt um fünf das Büro verlassen. Ihr Chef bringt jedoch unerwartet eine größere Aufgabe und Ihre Absicht, in einer Stunde nach Hause zu gehen, ist in Gefahr. Sie brauchen also mehr Zeit. Legen Sie die Arbeit vor sich hin, schließen Sie die Augen, trommeln Sie unauffällig mit Ihrem Fuß oder einem Finger und versuchen Sie, mit Ihrem spirituellen Helfer Kontakt aufzunehmen. Bitten Sie ihn, Ihnen genügend Zeit zur Erledigung der Aufgabe zu geben. Erhöhen Sie dabei die Geschwindigkeit Ihres Finger- oder Fußschlages. Spüren Sie eine Weile das erhöhte Tempo, öffnen Sie dann die Augen und packen Sie Ihre Aufgabe an. Haben Sie Ihre Arbeit erledigt, vergessen Sie nicht, wieder zu Ihrer normalen Geschwindigkeit zurückzukehren. Anderenfalls wären Sie sehr schnell erschöpft. Es ist nicht möglich, auf Dauer mehr Zeit zu haben.

Falls es Ihnen in der Geschäftigkeit eines Büros nicht gelingt, Ihren spirituellen Helfer zu kontaktieren, können Sie auch ohne ihn – lediglich mit Trommeln und einem Einleben in die neue Geschwindigkeit – gewisse Erfolge erzielen.

Natürlich können Sie nicht nur die Zeit ausdehnen, das Umgekehrte – die Verkürzung der Zeit – funktioniert genausogut.

Die Zeit verkürzen

In langweiligen oder widrigen Situationen ist es oft interessant, die Zeit zu verkürzen: Sie können kaum warten, bis das Prüfungsergebnis bekannt ist oder bis Ihr Militärdienst zu Ende geht. Die Yogi-Schamanen aus Indien machen die Überwindung längerer Zeitperioden unter widrigen Verhältnissen zu einem Sport. Sie lassen sich bei lebendigem Leibe in die Erde eingraben und erst nach Tagen oder sogar Wochen, gesund an Leib und Seele, wieder ausgraben.

Um die Zeit zu verkürzen, gehen Sie genau umgekehrt vor, wie bei der vorhergehenden Übung beschrieben: Trommeln Sie 2 bis 3 Mal pro Sekunde und verlangsamen Sie die Geschwindigkeit dann auf einen Schlag pro Sekunde. Vergessen Sie nicht, nach der Übung wieder in den normalen Zeitfluß zurückzukehren.

Diese Technik kann auch im Alltag verwendet werden und hat dabei den positiven Nebeneffekt, daß Sie sich körperlich und geistig ausruhen können – sicher die bessere Alternative, als sich über einen langweiligen Vortrag zu ärgern!

Reisen in die Zukunft

Eine Reise in die Zukunft ist äußerst spannend. Wir erfahren, was uns bevorsteht, können also die Zukunft vorhersehen: Wir wollen doch alle ständig wissen, was wohl mit uns oder unserer Umgebung passieren wird. Stellen Sie sich nur vor, wie wertvoll es für einen Bauern ist, wenn er weiß, wie sich das Wetter entwickeln wird; oder wie interessant es ist zu erfahren, ob wir mit einer Bewerbung bei einer bestimmten Firma Erfolg haben werden.

Neben Quetzalcoatl, Merlin und Nostradamus gibt es viele eindrucksvolle Beispiele von Reisen in die Zukunft: *Wallace Black Elk* konnte den Geburtszeitpunkt und den Namen eines ungeborenen Kindes eines Besuchers voraussagen, obwohl er nicht wissen konnte, daß dessen Frau überhaupt schwanger war. Um einen Reporter zu beeindrucken, wußte er bereits einen Tag im voraus vom Abschuß eines koreanischen Flugzeuges über Rußland. Interessant ist diesbezüglich auch der Brauch der Shoshone-Indianer, die Hochzeitskleider bereits dann in der richtigen Größe und Mode anzufertigen, wenn das Hochzeitspaar immer noch in den Kinderschuhen steckt. Aber selbst erfahrene Zeitreisende können die Zukunft nicht immer korrekt voraussagen. Sogar Merlin und Nostradamus haben nachweislich Fehler gemacht. Dies liegt daran, daß wir bei allen Zeitreisen jeweils nur eine von vielen Möglichkeiten der Zukunft feststellen können. Die auf einer Zeitreise erlebte Zukunft könnte, muß aber nicht eintreten. Dieser Unsicherheitsfaktor muß bei allen Zeitreisen berücksichtigt werden.

Die Vielzahl möglicher Zukunftsvarianten hat zwar den Nachteil, daß dadurch die Voraussage erschwert ist und die Wahrsager an Glaubwürdigkeit verlieren, hat aber den riesigen Vorteil, daß wir aus verschiedenen Möglichkeiten auswählen, die Zukunft also aktiv gestalten können.

Versuchen wir eine solche Reise in die Zukunft. Die einfachste – und von mir bevorzugte Technik – verwendet unsere bewährte Methode: Sie entspannen sich, kontaktieren Ihren spirituellen Helfer, sagen ihm, was Sie in der Zukunft konkret sehen wollen, und lassen sich dann leiten. Vergessen Sie am Ende nicht, wieder in die Gegenwart zurückzukehren.

Es lohnt sich, mehrere schamanische Reisen dem gleichen Thema zu widmen, damit Sie die Vielfalt möglicher

Zukunftsvarianten sehen. **Achtung:** Was Sie in der Zukunft sehen, muß nicht unbedingt real sein, sondern könnte durchaus symbolisch aufzufassen sein. Fragen Sie Ihren spirituellen Helfer um Unterstützung bei der Interpretation der Vision!

Ich unternehme manchmal Reisen in die Zukunft, um das Risiko schwieriger Bergtouren zu überprüfen. Einmal wollte ich bei einer sehr schlechten Wetterprognose wissen, ob ein Kollege und ich bei einer langen Paßwanderung auf der anderen Seite noch rechtzeitig das letzte Postauto erreichen würden. In meiner Vision sah ich zwei Bilder: Im ersten befanden wir uns auf der Paßhöhe, es herrschte zwar dichter Nebel, aber wir hatten sie erreicht. Im zweiten Bild saßen wir im Postauto. Ich schloß daraus, daß es mindestens eine Zukunft gab, in der wir es schaffen würden. Wir packten die Tour deshalb guten Mutes an, wurden zwar wegen strömenden Regens und schlechten Sichtverhältnissen sehr behindert, erreichten aber dennoch rechtzeitig den Bus.

Astrologie aus schamanischer Sicht

Für die Voraussage der Zukunft haben alle Kulturen eine Vielzahl von weiteren Hilfsmitteln entwickelt. Beispiele sind I Ging, Astrologie, Tarot, Pendel, Münzen und Numerologie. Der Vorteil dieser Methoden liegt darin, daß es erprobte Landkarten der spirituellen Welt sind: Schamanen können sich auf ein anerkanntes System stützen, womit ihre Glaubwürdigkeit erhöht wird. Diese Hilfen weisen aber auch den gewichtigen Nachteil auf, daß es bei vielen Methoden für den Anwender schlecht zu erkennen ist, ob ein Resultat mit Hilfe der spirituellen Welt erzeugt wurde oder nicht. Dies kann einerseits zu falschen Prognosen führen und andererseits – weil der

Methode zuviel Glauben geschenkt wird – kann dabei vergessen werden, daß ja viele Zukunftsmöglichkeiten bestehen. Mein Vorschlag: Verwenden Sie diese Hilfen, falls Ihnen dabei wohl ist, vergessen Sie aber nicht, daß es mehrere Zukunftsmöglichkeiten gibt und daß Sie diese aktiv mitgestalten können. Ein unveränderbares Schicksal gibt es nach Ansicht der Schamanen nicht, sondern nur mehr oder minder starke Tendenzen, die wir aber durch Einsicht und Handeln beeinflussen, ja sogar umkehren können.

Betrachten wir als Beispiel die schamanische Verwendung der westlichen Astrologie. Vereinfacht gesagt, werden wir gemäß dieser Lehre aufgrund des Zeitpunktes unserer Geburt einem Sternzeichen zugeordnet, das uns bestimmte Charaktereigenschaften verleiht. Den Bewegungen der Gestirne werden Einflüsse zugeschrieben, welche diese Charaktereigenschaften beeinflussen und gewisse Ereignisse bevorzugen. Soweit bestehen keine Widersprüche zum Schamanismus.

In der Astrologie wird aber meist von vorbestimmten, unveränderlichen Sternzeichen ausgegangen: Jemand ist während seines ganzen Lebens ein Steinbock oder ein Löwe, verändert sich allerdings mehr und mehr in Richtung der Eigenschaften seines Aszendenten hin.

Hier hat der Schamane eine andere Auffassung: Für ihn ist ein bestimmtes Sternzeichen nur ein Blickwinkel unter vielen , der durchaus verändert werden kann. Vermutet er, ein Ziel besser mit den Eigenschaften eines Löwen statt mit denen eines Steinbockes erreichen zu können, dann wechselt er eben!

Die Sternzeichen sind für einen Schamanen also gar nicht unveränderbar, sondern – im Gegenteil – er betrachtet es als sinnvoll, im Laufe eines Lebens den Blickwinkel beziehungsweise das Sternzeichen zu ändern. Sie sehen, es spricht nichts dagegen, im Schamanismus

die Astrologie zu verwenden, sofern das Prinzip der Veränderbarkeit nicht verletzt wird.
Aber wie verändert man die Zukunft?

Die Veränderung der Zukunft

In früheren Kulturen mit stark schamanischer Orientierung war es nicht nur die Verantwortung des Schamanen, zukünftige Ereignisse vorauszusagen, sondern diese auch positiv zu beeinflussen. Zum Beispiel wurde das Wetter vorausgesagt und ggf. verändert oder die Bewegung der Büffelherden oder anderer Beutetiere prognostiziert und den Möglichkeiten der Jäger angepaßt. Heutzutage ist der Veränderungsbedarf natürlich anders gelegen: Sie haben beispielsweise vorausgesehen, daß ein Gespräch mit Ihrem Chef schlecht ausfällt und er Ihnen womöglich kündigen wird. Oder Sie haben die Vorahnung, daß Sie bald in einen Unfall verwickelt werden. Selbstverständlich wollen Sie so etwas vermeiden. Was können Sie tun? Nun, es gibt zwei Möglichkeiten:

● **Gründe für das Ereignis herausfinden.** Versuchen Sie die Bedeutung des negativen Ereignisses für Sie herauszufinden. Oft ist es so, daß das Ereignis nicht mehr eintreten muß, wenn der Grund dafür erkannt wurde. Eine Entlassung könnte bedeuten, daß Sie eine bessere, passendere Stelle suchen müßten, während ein Unfall durch verdrängte Aggressionen oder Wut gegenüber anderen verursacht sein könnte. Falls Sie aus diesen Erkenntnissen Schlüsse ziehen und auch danach handeln, dann muß das Ereignis nicht mehr eintreten: Suchen Sie also eine andere Stelle oder erleben Sie Ihre Wut bewußter. Ihr spiritueller Helfer kann Sie beim Suchen der Gründe und beim Bestimmen der notwendigen Handlungen unterstützen.

- **Aktive Veränderung des Ereignisses.** Sehr effektvoll ist hier die Darstellung des unerwünschten Ereignisses mit physikalischen Gegenständen. Stellen Sie sich und Ihren Chef bzw. die Unfallsituation als Kissen dar. Kleben Sie einen Zettel auf jedes Kissen, damit immer klar ist, was wen darstellt. Spielen Sie nun das Gespräch oder den Unfall mit den Kissen so durch, damit Sie nicht zu Schaden kommen: Seien Sie dabei sehr aktiv und bewegen Sie ruhig die Kissen großräumig in Ihrer Wohnung. Versuchen Sie den Beistand Ihres spirituellen Helfers zu spüren. Die größte Chance auf Erfolg haben Sie, wenn Sie möglichst wenig verändern, indem zum Beispiel der Chef Sie lediglich rügt, aber nicht entläßt. Spielen Sie die neue Situation mehrmals durch, bis der neue Ausgang selbstverständlich ist. Je öfter Sie dies tun und je mehr Energie Sie in die Veränderung der Zukunft stecken, desto eher werden Sie Erfolg haben.

Reisen in die Vergangenheit

Mit ihren Reisen in die Vergangenheit erfüllen Schamanen verschiedene Zwecke. In vielen Kulturen sind sie für die Aufrechterhaltung des Volkswissens verantwortlich und reisen in die Vergangenheit, um dort aus erster Hand Material für ihre Geschichten zu gewinnen. So erzählte ein berühmter irischer Barde stolz, er sei nicht nur dabeigewesen, als Rom gebaut wurde, sondern habe einst sogar die Flagge Alexander des Großen getragen und sei bei zahlreichen anderen historischen Ereignissen dabeigewesen.

Oft wollen Schamanen auch erfahren, was wirklich passiert war: *Wallace Black Elk* beispielsweise half so den Archäologen mehrmals bei der Interpretation von Knochenfunden; bei einem Schädel konnte er mit einer

Reise in die Vergangenheit genau feststellen, daß es sich um einen Arapaho-Indianer handelte, der einige Jahrhunderte zuvor bei einer Büffeljagd umkam. Mit seiner Hilfe konnten auch verschiedene Verbrechen aufgedeckt werden, nachdem er zurückgereist war und das Geschehen beobachtet hatte.

Sicher die wichtigste und spannendste Möglichkeit aber ist die Veränderung der Vergangenheit zwecks Umgestaltung der Gegenwart.

Der Ghost Dance, der sich bei amerikanischen Indianern zwischen 1869 und 1872 verbreitete, hatte unter anderem eine Veränderung der Geschichte zum Ziel, um eine Gegenwart ohne Weiße zu schaffen. Es wurde eine fast paradiesische »Parallelwelt« propagiert, die auch tatsächlich von vielen Leuten besucht wurde.

Der Ghost Dance wurde von den amerikanischen Behörden vehement bekämpft und – in unserer Zeit zumindest – nahezu ausgerottet. Da aber viele Zeiten parallel ablaufen, wer weiß, ob die damals erzeugte Welt nicht doch existiert?

Wozu können Sie nun aber Reisen in die Vergangenheit praktisch anwenden? Sie können beispielsweise Ihre Säuglingszeit nochmals erleben und dadurch Ihre gegenwärtigen Probleme besser verstehen oder lösen; Sie können die Lebensweisen und Sorgen Ihrer Vorfahren kennenlernen; oder Sie haben die Möglichkeit, Schamanen von früher kennenzulernen und von ihnen zu lernen. Nicht zuletzt können Sie vergangene schlechte Ereignisse in positive Erlebnisse umgestalten. Denken Sie dabei an meinen Kollegen (Kapitel 2), dem es gelang, daß sein Entlassungsschreiben als Empfehlung verstanden wurde.

Grundsätzlich verwenden Sie das gleiche Vorgehen wie bei allen Zeitreisen: Sie entspannen sich, treffen Ihren spirituellen Helfer und bitten ihn, Sie in die Vergangen-

heit zu führen. Wollen Sie historische Ereignisse näher
kennenlernen, ist es oft sinnvoll, die schamanische Reise an einem diesbezüglich bedeutenden Ort zu unternehmen: bei einer römischen Ruine, einer keltischen
Siedlung, einem Menhir – eine Möglichkeit, die übrigens
nochmals im Kapitel »Schamanische Zeremonien« zur
Sprache kommt. Wollen Sie ein vergangenes Ereignis
verändern, können Sie – wie bereits vorgestellt – mit Gegenständen arbeiten. Spielen Sie das unerwünschte Ereignis immer wieder so durch, damit Sie dabei möglichst
keinen Schaden erleiden. Auch hier sind Sie am erfolg-
reichsten, wenn Sie möglichst wenig ändern.

Meine eindrucksvollste beweisbare Reise in die Vergangenheit erlebte ich vor ein paar Jahren in New Mexico:
Ich saß auf einem Hügel neben einer Ruine einer alten
Indianerstätte und hatte eigentlich vor, etwas über die
indianische Vergangenheit dieses Gebietes zu erfahren.
Mein spiritueller Helfer zeigte mir aber nichts dergleichen, sondern er verwandelte uns beide in Raben,
und wir flogen zuerst gemeinsam hoch in die Wolken,
kehrten aber bald wieder zurück, um in einer Entfernung
von einigen hundert Metern wieder zu landen. Wir befanden uns vor einem Holzhaus, neben dem ein kleiner
blauer Lieferwagen stand. Das Fahrzeug stammte aus
den vierziger Jahren, wirkte aber noch ganz neu. In-
stinktiv fühlte ich, daß ich offenbar um 50 Jahre zurück-
versetzt worden war. In der Szene, die ich nun beobach-
tete, sah ich ein Kind, das einem mit Gewehren und Munition hantierenden Mann zuschaute. Dabei hörte ich
einige Schüsse losgehen, konnte aber nicht genau verfolgen, was anschließend geschah: Ich war verwirrt und
wollte die Vision beenden, weil sie mir nichts über Indianer mitteilte – übrigens ein Fehler, inzwischen habe ich
gelernt, Visionen nicht abzubrechen. Ich kehrte in die
physikalische Welt zurück und machte mich etwas ent-

täuscht auf den Weg zum Zeltplatz zurück. Ich schlug einen anderen Pfad ein und kam zu den Überresten eines Holzhauses, das genauso aussah wie das der Vision! Ferner sah ich zwei Wracks von Lieferwagen aus den vierziger Jahren (einer blau, der andere grau; in der Wüste rostet alles nur sehr langsam) und einen großen Stapel mit hölzernen Kisten, auf denen noch deutlich zu lesen war, daß sie zur Verpackung von Munition verwendet wurden . . .

Sich der Gegenwart bewußt sein

Vergessen Sie bei allen Reisen in andere Zeiten nicht, daß Sie sich in der Gegenwart befinden! Gehen Sie nur vorübergehend und nur kurz in andere Zeiten. Leben Sie jetzt! Schamanen vergessen nie, wo und wann sie in der physikalischen Welt sind.
Wir haben jetzt viel über die Zeit gesprochen. Wechseln wir nun das Thema und betrachten wir die Möglichkeiten, die physikalische Form zu verändern.

Die Veränderung der Form

Haben Sie sich nicht schon gewünscht, Sie wären etwas größer oder kleiner, etwas dicker oder dünner oder, daß man Sie besser oder weniger gut sehen könnte? Für Schamanen ist die Form eines Körpers veränderbar – sei es nun des eigenen oder eines anderen.
Taliesin, ein keltischer Druide aus Irland behauptete, daß es nichts gäbe, das er nicht schon gewesen wäre: ein Schwert, ein Stern, ein Adler, ein Boot . . . *Gwyddyon*, ebenfalls ein Kelte, wird nachgesagt, er habe Menschen in Bäume und Tiere in menschliche Wesen verwandelt.

100

Auch in unseren Märchen kommen zahlreiche Formveränderungen vor, von Prinzen zu Fröschen bzw. retour
oder von alten Hexen in bezaubernde junge Frauen.
Beim noch heute aufgeführten Tanz der Tiergötter bei
den Zuni-Indianern berichten Augenzeugen, sie könnten
häufig nicht sagen, ob die tanzenden Schamanen sich
nicht tatsächlich in richtige Adler oder Büffel verwandelt
hätten.
Untersuchen wir dieses Phänomen genauer und betrachten wir dazu die Aura. Zur Erinnerung: Die Aura ist
der spirituelle Teil jedes Lebewesens und umgibt jeden
Körper. Obwohl wir uns dessen selten bewußt sind, nehmen wir bei anderen Menschen, Tieren, Pflanzen oder
sogar bei anderen Gegenständen meist zuerst die Aura
wahr und erst dann den physikalischen Körper. Verändern wir die Aura, können wir deshalb andere Leute über
das wirkliche Aussehen des Körpers täuschen. Behalten
wir die veränderte Aura während langer Zeit aufrecht,
wird sich der physikalische Körper allmählich anpassen.
Also: Kurzfristige Formveränderungen können allein
durch die Aura bewerkstelligt werden; es handelt sich
hier um einen Schein. Wird die Aura allerdings langfristig
verändert, dann paßt sich der physikalische Körper an.
Lernen wir die verschiedenen Techniken der Formverän-
derung kennen.

Unsichtbar werden

Werden Sie verfolgt, wollen Sie in einem fremden Land
weniger auffallen oder unbemerkt an lästigen Nachbarn
vorbeigehen? Nun, vom Prinzip her ist es gar nicht so
schwer, unsichtbar zu werden: Sie schließen die Augen,
treten in die spirituelle Welt ein, stellen sich mit Hilfe
Ihres spirituellen Helfers vor, Sie seien so durchsichtig

wie Glas oder Luft. Ihre Aura wird dadurch unauffällig, womit Ihr physikalischer Körper ebenfalls weniger gut bemerkt wird.

Ist der Bedarf nach Unsichtbarkeit vorüber, vergessen Sie nicht, wieder bewußt sichtbar zu werden – nicht daß Sie unscheinbar bleiben!

Als ich diese Übung zum ersten Mal versuchte, wollte ich mir das Gelingen von anderer Seite bestätigen lassen: Damals traf ich am Morgen unterwegs zur Arbeit häufig einen Berufskollegen im Zug, wobei dieser jeweils eine Station später einstieg. An seinem Bahnhof stellte ich mir einmal versuchsweise vor, ich sei durchsichtig. Ich bemerkte dann, wie er sich neben mich setzte, mich aber nicht begrüßte. Wir fuhren so eine ganze Viertelstunde, worauf ich ihn aussteigen ließ, ohne etwas von mir verlauten zu lassen. Später, während der Kaffeepause, fragte er mich dann, wo ich denn während der Bahnfahrt gewesen sei.

Die Technik des Unsichtbarwerdens kann auch für Gegenstände verwendet werden: Sie können mit der gleichen Methode Ihr Auto oder Ihren Schmuck vor Dieben schützen; so werden diese Wertsachen von Dieben weniger gut gesehen (Schließen Sie aber trotzdem Ihr Auto oder Ihre Wohnungstür ab!). Unsichtbar zu werden wird ferner auch als Schutz gegen negative Gefühle anderer verwendet: Diese Gefühle gehen dann an Ihnen vorbei, ohne Ihnen zu schaden.

Aufmerksamkeit auf sich ziehen

Vielleicht wollen Sie aber sichtbarer werden: Sie wollen, daß ein Messekunde auf Ihren Stand aufmerksam wird, Sie bei Beförderungen nicht übergangen werden oder als Fußgänger von einem Auto nicht angefahren werden. Sie gehen dabei genau umgekehrt vor: Statt durchsichtig wie Glas zu sein, stellen Sie sich beispielsweise vor, Sie seien von Scheinwerfern mit hellem, freundlichen Licht beschienen, ein riesiger Pfeil hänge neben Ihnen und zeige auf Sie, oder Sie hätten eine sehr positive, wohlwollende Ausstrahlung.

Veränderung des Aussehens

Im vorhergehenden Kapitel haben wir gesehen, wie wir Eigenschaften von Tieren, Pflanzen oder Steinen verwenden können, um bestimmte Ziele zu erreichen. Erfahrene Schamanen treiben dies oft so weit, daß sie sich gleich vollständig in ihr gewünschtes Tier verwandeln. Heutzutage, wo sich Leute mit schamanischen Fähigkeiten manchmal in psychiatrischer Behandlung befinden, wird das gleiche Phänomen in den Kliniken beobachtet: Mir ist ein Fall bekannt, bei dem die Patientin überzeugt war, sie sei eine Katze, und das Personal ohne Ausnahme der Ansicht war, sie sähe auch tatsächlich wie eine Katze aus!
Sich vollständig in ein Tier oder in eine Pflanze zu verwandeln, ist natürlich schwierig. Zunächst ist es einfacher und sicherer, kleinere Änderungen – ob vorübergehend oder permanent – am eigenen Körper vorzunehmen: Vielleicht wollen Sie etwas größer wirken, wenn Sie beim Wandern einem gefährlichen Tier begegnen, eine Methode, die übrigens offiziell von den amerikanischen Behörden propagiert wird, sollten Wanderer Berglöwen antreffen; oder vielleicht möchten Sie etwas kleiner sein, damit Sie im Ausland weniger auffallen. Oder, schließlich, möchten Sie vielleicht dicker, dünner oder schöner aussehen. Betrachten wir an einem Beispiel, wie Sie Ihren Körper Ihrem Idealbild annähern können.

Verschönerung des Körpers

Machen Sie vor dem Spiegel eine Bestandsaufnahme: Was möchten Sie genau ändern? Weniger Fett an den Hüften, ein dünnerer Bauch? Schließen Sie die Augen, treten Sie in die spirituelle Welt ein und bitten Sie Ihren Helfer, Sie bei der Veränderung zu unterstützen. Versuchen Sie während Ihrer Reise aus Ihrem Körper zu steigen, damit Sie sich von außen betrachten können. Stellen Sie sich vor, Sie seien sehr formbar, beispielsweise aus Kitt, damit Sie die gewünschten Veränderungen sehr einfach vornehmen können: Entfernen Sie nun das Fett an den Hüften oder am Bauch. Fragen Sie Ihren Helfer auch nach weiteren Maßnahmen, um das gewünschte Ziel zu erreichen. Wiederholen Sie diese Übung mehrmals während den nächsten Wochen und werden Sie sich Ihrer neuen Körperform immer wieder bewußt. Je öfter und je intensiver Sie dies machen, desto größeren Erfolg werden Sie haben.

Wollen Sie Ihre Körperform nur vorübergehend verändern, vergessen Sie am Ende nicht, sich wieder in Ihren ursprünglichen Körper zurückzuverwandeln.

Besinnungspause

Sie haben es sicher gemerkt: Wir stecken nun voll in den Anleitungen und Möglichkeiten zur Anwendung des Schamanismus.

Zeit also für eine Besinnungspause.

Wir haben in diesem Kapitel an den Grundfesten der physikalischen Welt gerüttelt und gesehen, wie Zeit und Form verändert werden können. Was bedeutete das für Sie? Mußten Sie alte Vorstellungen über Bord werfen und neue annehmen? War das schwierig?

Wir sind damit zu einem Kernpunkt des Schamanismus vorgedrungen:
Damit Neues angenommen werden kann, muß zuerst Altes überwunden werden. Dies ist in der Tat nicht immer einfach, ist jedoch für Ihren Erfolg als Anwender des Schamanismus sehr wichtig. Ich werde deshalb das gesamte nächste Kapitel diesem Thema widmen, damit ich Ihnen alle hierzu nötigen Tricks und Tips aufzeigen kann.

6 Altes überwinden – Neues erleben

Der Kandidat wußte natürlich, daß mit ihm etwas geschehen würde. Er wußte aber nicht was; die älteren Jahrgänge hatten zwar immer etwas davon gemunkelt, waren aber stets sehr sparsam mit den Details umgegangen. Jetzt mußte er sich durch einen engen, stockfinsteren und erstickenden Gang einer Höhle pressen. Er hatte Mühe, sich vorwärts zu bewegen, nicht nur der Enge wegen, sondern auch weil er nach drei Tagen fasten kaum noch genügend Kraft aufbringen konnte. Dazu kam seine Angst vor dem Ungewissen, das ihm am Ende dieses Ganges bevorstand. Je länger er darüber nachdachte, desto fester war er davon überzeugt, daß ihn dort sicherlich etwas absolut Schreckliches erwarten würde. Dennoch ging er weiter und weiter; die Schmach wäre zu groß gewesen, unerledigter Dinge zu seinen Stammesgenossen zurückzukehren. Er wollte keinesfalls als Feigling dastehen, zumal alle anderen es vor ihm ja auch geschafft hatten . . .

Die Einweihung

Plötzlich wurde der Gang der Höhle größer, und er spürte weder Decke noch Wände. Seine Angst wuchs. Im engen Gang hatte er wenigstens noch etwas gespürt; hier hingegen konnte jederzeit etwas auf ihn zukommen, und er wüßte erst davon, wenn es schon zu spät wäre. Er traute sich nicht mehr, sich zu bewegen, und zitterte heftig, während die Dunkelheit sich ihn immer mehr und mehr einzuverleiben schien.

Dann begann langsam doch etwas Licht in den Raum zu dringen. Er konnte in einiger Entfernung das Ende der Höhle erkennen. Dies beruhigte ihn anfänglich, bis er die gespenstisch aussehenden Figuren an den Wänden der Höhle erblickte. So etwas hatte er noch nie gesehen. Waren die Figuren lebendig, konnten sie sich bewegen, wollten sie ihm etwas antun, wieso kam niemand und erklärte ihm alles? Er war zutiefst verunsichert und stürzte in ein unendliches Chaos; alles, was er kannte, schien unbedeutend zu werden. Etwas starb in ihm, und er würde nie wieder derselbe sein.

Auf der ganzen Welt findet man Höhlen, in denen sich seit Urzeiten ähnliche Szenen abgespielt haben. Lange Zeit war man der Ansicht, Menschen hätten darin gelebt; in neuerer Zeit setzt sich nun aber die Meinung immer mehr durch, daß diese Höhlen nicht als Behausung, sondern als Orte der Einweihung in die spirituelle Welt dienten. Hier hatten die Menschen ihren ersten Kontakt mit Geistern und suchten auch später diese Stellen immer wieder auf, um den Zugang zur spirituellen Welt zu finden. Die oben beschriebene Einweihungsszene ist eine mögliche Interpretation von Vorgängen in einer solchen Höhle.

Einweihungsriten können auch anders aussehen: Die Inuit (Eskimos, vgl. Seite 63) zerstörten sich – in der spirituellen Welt, wohl bemerkt – vollständig: ihr Fleisch wurde abgeschnitten, ihre Körperflüssigkeit weggeworfen, die Augen herausgerissen, bis schließlich nur noch die Knochen blieben. Anschließend wurde alles neu geschaffen. Der Kandidat wurde dadurch ein völlig neuer Mensch.

Beim Stamm der Aranda in Australien muß der Kandidat vor die Öffnung einer Höhle treten, wo er von Geistern bemerkt und in die spirituelle Welt geführt wird. Diese werfen zwei unsichtbare Lanzen nach ihm, eine davon dringt durch seine Zunge, die andere durchstößt seinen Kopf von Ohr zu Ohr. Er fällt dabei tot um. Anschließend tragen ihn die Geister in die Höhle, entfernen dort seine Organe und ersetzen sie durch neue. Zugleich wird ihm ein Kristall übergeben, der ihm besondere Kraft verleihen soll.

Selbstverständlich sind Schamanen bei ihren eigenen Einweihungen am härtesten; sie machen zwar die gleichen Rituale durch, nur meist derart extrem, daß normale Menschen dies nicht überleben würden: *Stalking Wolf* mußte sich Jahrzehnte von seinem Volk trennen und allein durch Wüsten und Berge reisen; werdende Inuit-Schamanen sitzen länger als einen Monat fastend in einer Schneehütte; Lakota-Schamanen lassen sich mit Haken durchbohren und sich tagelang aufhängen und starren dabei stundenlang in die Sonne, oder tibetische Mönche verbringen Jahre in dunklen Höhlen ohne Kontakt mit anderen Menschen.

Diese Vorstellung findet sich auch bei unseren Märchenhelden und -heldinnen: Aschenputtel wird aus der vertrauten Umgebung geworfen, als seine Mutter stirbt. Als Stiefkind muß es dann eine trostlose Zeit durchstehen, bis es schließlich vom Prinzen gefunden wird, was einer Neugeburt gleichkommt. Im Märchen »Der Teufel mit den drei goldenen Haaren« wirft der König den Helden bereits als Kind in einer Kiste in den Fluß, um ihn zu töten. Der Held überlebt aber und heiratet nach einem weiteren Anschlag auf sein Leben die Königstochter (erste Neugeburt). Um schließlich selbst König zu werden

(zweite Neugeburt), muß er eine weitere Prüfung überstehen, die darin besteht, dem Teufel dessen drei golde-
ne Haare auszureißen.

Auch in unserer modernen Welt sind einige Einwei-
hungsrituale übriggeblieben: Die Fahrprüfung oder der
Militärdienst stellt vielerorts den Übergang vom Jugend-
lichen zum Erwachsenen oder die Hochzeit den Ab-
schied von der unbeschwerten Jugend dar. In vielen Be-
rufen müssen am Ende der Lehrzeit Prüfungen überwunden werden, die über die berufliche Qualifikation
hinausgehen, wie der Brauch, angehende Drucker vollständig bekleidet ins Wasser zu werfen.

Meine eigene Einweihung erlebte ich zu einer Zeit, in der
ich als überzeugter Naturwissenschaftler und Rationalist
Phänomene wie spirituelle Welten noch gänzlich ab-
lehnte: Ich wohnte im Berner Oberland und machte es
mir zum Hobby, allein die zahlreichen Höhlen in einem
nahegelegenen Karstgebiet zu erforschen. Vom vernünf-
tigen Menschenverstand aus betrachtet war das natürlich
dumm und leichtsinnig, aber offenbar nötig für meine
Entwicklung. In einer Höhle, die ich zum ersten Mal besuchte und voll Neugier betrat, kam ich nach einigen
Dutzend Metern an eine kleine Felswand von vielleicht
drei Metern Höhe. Unten sah ich im Licht der Taschenlampe eine flache Plattform. Ich sprang ohne zu zögern
hinunter. Erst dann stellte ich mit Erschrecken fest, daß
ich nicht weiter konnte. Vor mir war die Höhlenwand,
und auf beiden Seiten der Plattform ging es so weit nach
unten, daß ich mit der Taschenlampe den Grund nicht erkennen konnte. Erst dann realisierte ich, wie schwierig es
sein würde, die drei Meter dieser glitschig-nassen Wand
wieder hinaufzuklettern (ich hatte kein Seil oder sonst-
welche Hilfsmittel dabei). Der nasse Felsen war zugleich
so geneigt, daß ich beim Ausrutschen unweigerlich in

einen der tiefen Abgründe gefallen wäre. Ich war also allein in einer dunklen, kalten Höhle und einer ziemlich ausweglosen Situation.

Es war nicht wahrscheinlich, daß mich jemand finden würde, denn ich hatte nicht sehr detailliert erzählt, wohin ich genau gehen würde. Sie können sich vorstellen, wie mir zumute war. Meine Welt brach zusammen. Angesichts meines eigenen Todes begann ich vor Angst heftig zu zittern. Das ging so eine Weile weiter, ich spürte nichts mehr außer meiner Angst. Allmählich begann sich eine zuvor unbekannte Kraft in mir zu mobilisieren. Ich spürte, daß ich die drei Meter schaffen würde, ohne auszurutschen. Ich bekam einen erstaunlich klaren Kopf, während ich meinen Aufstieg im Detail plante, und dann – ich war selber erstaunt – tatsächlich in Angriff nahm. Und es klappte. Draußen vor der Höhle angekommen, fühlte ich mich wie neugeboren ...

Dieses Erlebnis erschütterte mich so sehr, daß ich meine bisherigen Wertvorstellungen und Ziele grundlegend in Frage stellte. Ich war damit offen für Neues und stieß dabei ziemlich schnell auf spirituelle Welten.

Wieso sind Einweihungen so wichtig? Wieso dieser Aufwand? Schamanen legen viel Wert auf den Grundsatz, daß nichts Neues entstehen kann, falls nicht zuerst etwas Altes zerstört wird. In der Natur beobachten sie, wie jede Jahreszeit die vorhergehende ablöst, wie nach einer Naturkatastrophe, einem Waldbrand oder einer Überschwemmung, neues Leben an dieser Stelle entsteht. Aus diesen Beobachtungen schließen sie auf sich selbst: Falls sie sich im Leben ändern oder Neues entdecken wollen, müssen sie vorerst Altes weggeben. Sie betrachten das Leben als Fluß, und damit etwas fließen kann, darf es nirgends aufgehalten werden. Es muß ständig etwas überwunden werden, es muß Platz geschaffen werden.

Damit eingeatmet werden kann, muß zuerst ausgeatmet werden.

Wie wir alle wissen, ist es nicht einfach, sich vom Bestehenden und Vertrauten zu lösen. Die Einweihungs- und Übergangsrituale haben den Zweck, diesen schwierigen Prozeß für sich und für andere zu erleichtern. Durch eine große Verunsicherung, einen Todesschrecken oder einen symbolischen Tod wird versucht, auf radikale Art reinen Tisch zu machen, um dem Kandidaten dann zu ermöglichen, sich selbst neu aufzubauen.

Das Wechselspiel zwischen Entleerung und Auffüllen steht im krassen Gegensatz zu unserer modernen Philosophie: Wir füllen nur auf und entleeren nie. Wir häufen materielle Güter, Erfolge, Beziehungen und vieles mehr an, ohne vorher einen Prozeß der Entleerung durchzumachen. Wir werden ja auch an der Summe der Güter, die wir besitzen, oder der Größe des Bankkontos gemessen und nicht nach dem, was wir weggegeben haben. Unsere Gesellschaft motiviert uns daher kaum, etwas zu überwinden. Als Begleiterscheinung dessen können wir auch Negatives nicht mehr loslassen wie Krankheiten und in ein mehr oder minder starkes Abhängigkeitsverhältnis drängende Bedürfnisse.

Die Indianer Nordamerikas, die frühen Kelten oder andere spirituell orientierte Völker setzten auf die genau gegenteilige Auffassung: Sie gaben möglichst viel weg und hatten so nicht nur mehr Raum für Neues, sondern konnten sich auch viel leichter von schlechten Gewohnheiten oder Krankheiten lösen. Diese Völker glaubten auch, daß die Entleerung an anderer Stelle positive Auswirkungen haben kann: Eine Kleiderspende nützt anderen, das heißt, wir setzen etwas Positives in die Welt, was – um an das Spinnennetz im zweiten Kapitel zu erinnern – auch wieder positive Rückwirkungen auf uns haben kann.

Nochmals: Das Leben ist aus einem schamanischen Gesichtspunkt nichts anderes als ein Wechsel zwischen Ansammlung und Entleerung, zwischen Aufnahme und Reinigung, ein ständiger Fluß, den es aufrechtzuerhalten gilt.

Was überwunden werden kann und wie

Halten wir zunächst fest: Sich vom Bestehenden zu lösen braucht viel Arbeit und gelingt oft nicht auf Anhieb. Die radikalen Einweihungs- und Überwindungsrituale von früher sind aber für uns moderne Menschen meist nicht durchführbar.

Die nachfolgend beschriebenen Methoden sind deshalb modifiziert worden; sie mögen etwas weniger wirksam sein, dafür können sie von einem modernen Europäer problemlos durchgeführt werden.

Ich werde Ihnen zuerst zeigen, wieso es nützlich ist, sich von gewissen

- materiellen Gütern,
- Beziehungen,
- Gewohnheiten,
- Anschauungen,
- Bedürfnissen

zu trennen. Zu jedem Thema werde ich eine Überwindungsmöglichkeit beschreiben. Selbstverständlich ist diese nicht spezifisch, das heißt, Sie können alle Techniken für das anwenden, was Sie gerade überwinden wollen.

Experimentieren Sie ruhig nach Belieben, bis Sie eine Methode gefunden haben, die Ihren Vorstellungen entspricht. Beginnen Sie zunächst mit kleinen Schritten, und versuchen Sie nicht gleich, die härtesten Brocken zu überwinden.

Überwindung materieller Güter

In alle materiellen Güter, die Sie besitzen, ist eine gewisse Lebenskraft investiert. Dies gilt nicht nur für große, teure Besitztümer wie Häuser oder Autos, sondern auch für kleine, unscheinbare Gegenstände wie Bücher, Werkzeuge, Haushaltsgeräte oder Kleider: Falls Sie einen Bezug zu einer Sache haben, nimmt sie in Ihrem Leben einen gewissen Platz ein. Der so aufgebrauchte Lebensraum ist nicht von der Größe oder dem Preis des Gutes abhängig, sondern von der Stärke der Gefühle, die Sie mit ihm verbinden. So mag ein Spielzeugauto aus Ihrer Kindheit in Ihrem Leben viel mehr Platz einnehmen als Ihr gegenwärtiges Sofa. Man spricht in diesem Zusammenhang auch vom »ideellen Wert«.

Durch die Weggabe von materiellen Gütern schaffen Sie also nicht nur räumlichen Platz in Ihrer Wohnung, den Sie mit nützlicheren Gegenständen füllen können, sondern Sie befreien auch die Gefühle, die mit den losgelassenen Gegenständen verbunden waren. Zusätzlich können Sie mit dem Verschenken von Gegenständen anderen eine Freude bereiten, also etwas Positives in Gang setzen, was wiederum positive Rückwirkungen auf Sie haben könnte.

Dies heißt aber nicht, daß Sie jetzt alle in Ihrem Besitz stehenden materiellen Güter verschenken sollen. Mir geht es nur darum, daß Sie solche weggeben, die Ihnen wenig oder nichts nützen. Sie müssen also bei allen Gegenständen abschätzen, wieviel diese Ihnen bringen und wieviel sie Ihnen an Lebensenergie kosten. Geben Sie diejenigen weg, bei denen das Verhältnis nicht stimmt.

Kurz: Je weniger unnötige oder wenig nützliche Gegenstände Sie besitzen, desto mehr Kapazität steht Ihnen für die Verfolgung Ihrer Träume oder das Erkennen Ihrer wirklichen Bedürfnisse zur Verfügung.

Das Weggeben

Durchsuchen Sie systematisch Ihre Wohnung, Ihre Schränke und Schubladen. Überlegen Sie sich bei jedem Gegenstand, ob Sie ihn wirklich brauchen. Falls Sie den Gegenstand ein Jahr lang oder länger nicht mehr verwendet haben, können Sie fast sicher sein, daß Sie ihn auch im nächsten Jahr nicht mehr benötigen werden. Versuchen Sie möglichst viel zu verschenken, verkaufen oder wegzuwerfen. Lassen Sie nichts verschont, je radikaler Sie das anpacken, desto mehr Platz schaffen Sie. Kulturen, die den Wert dieser Art materieller Loslösung und Weggabe erkannten, machten daraus oft eine Zeremonie: Einige Indianerstämme hatten »Verschenk-Feste«, bei denen es darum ging, fast alles, was man besaß, wegzugeben. Dies ging solange weiter, bis der Verlust der Gegenstände ernsthaft zu schmerzen begann. Bei den Lakota war dieses Verschenken vor allem bei Todesfällen aktuell: Starb jemand, so spendete seine Familie nach vier Tagen alle Gegenstände des Verstorbenen und meist auch noch eigene Gegenstände oder kaufte sogar welche, von denen sie glaubte, daß andere daran Freude hätten. Dieser Brauch ermöglichte das enge Nebeneinander von Freud und Leid und durch die Freude, die man durch das Schenken verbreitet, auch die schnellere Verarbeitung der eigenen Trauer um den Verstorbenen. Das mag für unsere Ohren lieblos klingen, aber das Leben konnte auf diese Weise rascher wieder in Fluß geraten.

Andere Menschen loslassen

Beziehungen zu anderen Leuten können sehr konstruktiv und unterstützend sein, aber im Gegensatz dazu auch unsere Entwicklung stark behindern. Oft unterstützen andere Leute alte Verhaltensmuster, die wir eigentlich loswerden möchten. Diese Menschen erwarten konkrete Verhaltensweisen von uns, und um sie nicht zu kränken, haben wir das Gefühl, diese Erwartungen erfüllen zu müssen. Und sollten wir einmal trotzdem anders handeln, glauben wir sofort, den anderen Rechenschaft schuldig zu sein: Falls unser ganzer Bekanntenkreis findet, wir seien geizig, ist es sehr schwierig für uns, großzügig zu werden. Versuchen wir es trotzdem, werden wir feststellen, wie wir den anderen lang und breit erklären müssen, wieso wir diesmal ein so großes Trinkgeld gegeben haben.

Auch wenn man weiß, daß eine Beziehung schädlich ist, wird sie manchmal aus einem falschen Pflichtgefühl heraus aufrechterhalten; schließlich kann man die eigenen Eltern, den alten Freund usw. nicht im Stich lassen, auch wenn diese mit ihrer ständigen Kritik oder mangelnder Unterstützung hemmend oder gar zerstörerisch, auf jeden Fall aber kräftezehrend wirken.

Da es schwierig ist, andere Leute zu ändern, ist es oft besser, schädliche Beziehungen abzubrechen, damit Sie die nötige Kapazität haben, andere, unterstützendere Beziehungen einzugehen. Denken Sie daran: Was könnten Sie nicht alles erleben, falls Sie keine Pflichtbesuche mehr machen oder sich über den einen oder anderen ärgern würden?

Aber nicht alle anstrengenden Beziehungen müssen abgebrochen werden. Gewisse, auf den ersten Blick schädliche Beziehungen können durch die Herausforderung, die sie mit sich bringen, von großem Nutzen sein. Andererseits können lauter anspruchslose Beziehungen außer etwas Erholung nicht viel bringen. Bei allen Beziehungen gilt es also abzuschätzen, ob sie gut für Sie sind oder nicht. Beenden Sie alle Beziehungen, die Sie nicht weiterbringen oder Ihre Entwicklung nicht fördern.

Die symbolische Überwindung

Fertigen Sie eine Liste aller Beziehungen an, die Sie pflegen. Überlegen Sie sich bei jeder Person, was diese Ihnen nützt (z. B. ich kann meine Anliegen mit ihr diskutieren; sie unterstützt meine Vorhaben; ich bekomme finanzielle Zuschüsse) und was sie Ihnen kostet (sie braucht viel Zeit; sie will mich immer lenken; ich fühle mich nach jedem Besuch ausgelaugt). Stellen Sie diese Liste vorerst mit Ihrem Verstand zusammen und lassen Sie sie einige Tage liegen.

Treten Sie anschließend in die spirituelle Welt ein und bitten Sie Ihren Helfer nach mehr Information über Ihre Bekannten. Ergänzen Sie Ihre Liste damit und entscheiden Sie dann, welche Beziehungen Sie aufrechterhalten wollen und welche nicht. Nehmen Sie sich ruhig etwas Zeit für diese Aufgabe und schreiben dann diejenigen, die Sie aufgeben wollen, auf eine weitere Liste.

Gehen Sie mit der Liste der Beziehungen, die Sie aufgeben wollen, in die spirituelle Welt. Versuchen Sie dort die betroffenen Menschen zu kontaktieren. Sagen Sie ihnen, daß Sie nichts gegen sie persönlich hätten, daß Sie aber etwas Raum benötigen und Sie deshalb auf die weiteren Kontakte verzichten möchten.

Kehren Sie anschließend in die alltägliche Welt zurück. Zerreißen oder verbrennen Sie die Liste.

Eine weitere Möglichkeit der symbolischen Überwindung von Beziehungen besteht darin, die Personen, zu denen Sie Ihre Beziehung beenden wollen, als Steine oder Holzstücke darzustellen. Definieren Sie beispielsweise Tante X als Stein. Betrachten Sie dann diesen Stein so lange, bis Sie in ihm tatsächlich Ihre Tante sehen. Eröffnen Sie nun das Gespräch mit ihr; erklären Sie ihr, daß Sie mehr Raum benötigen und deshalb nicht weiter mit ihr verkehren wollen. Lassen Sie dann Ihre Tante wieder in den Hintergrund treten und begraben Sie den Stein mit den besten Wünschen. Bitte hegen Sie keinesfalls Groll, sondern schließen Sie mit jeder Person, zu der Sie den Kontakt abbrechen möchten, inneren Frieden. Sie werden merken: Vernünftiges Überlegen, sorgsames Abwägen mit Unterstützung aus der spirituellen Welt und Konsequenz im Handeln machen langes Grollen oder gar Haß überflüssig.

Sie werden sehen, in der physikalischen Welt werden die so überwundenen Beziehungen ebenfalls an Bedeutung verlieren. Tritt der gewünschte Effekt nicht ein, wiederholen Sie das Vorgehen; oft sind die Verbindungen zu anderen Menschen so stark, daß viel Aufwand getrieben werden muß, um die Beziehung zu schwächen.

Der Erfolg tritt rascher ein, wenn Sie sich in der physikalischen Welt nicht widersprüchlich verhalten. Wollen Sie also in der spirituellen Welt Beziehungen auflösen, dann sollten Sie in der physikalischen Welt besser nichts mit den betroffenen Leuten unternehmen.

Lästige Gewohnheiten beenden

Es ist erstaunlich, wieviel Zeit und Kraft wir mit Routineaktivitäten verbringen: Wir stehen immer zur gleichen Zeit auf, nehmen stets das gleiche zum Frühstück ein, wählen denselben Arbeitsweg, grüßen unsere Kollegen mit immer denselben Worten; eine solche Liste oft unbewußter Gewohnheiten kann beliebig fortgesetzt werden. Die Summe aller Gewohnheiten aber kann soviel Zeit in Anspruch nehmen, daß daneben kaum freier Raum für Neues bleibt. Gewohnheiten aufzugeben, zu überwinden, schafft deshalb Freiheit und setzt neue Kräfte frei. Wir bleiben geistig und körperlich frischer, wenn wir uns nicht in Gewohnheiten einmauern.

Humor

Gewohnheiten mit Humor zu erkennen und zu überwinden, ist wohl die angenehmste und zugleich eleganteste Methode. Versuchen Sie sich einmal von außen zu betrachten: Was ist das für ein Mensch, und was macht er nicht für komische Sachen? Versuchen Sie sich so zu sehen, als wenn Sie eine Komödie über Ihr Leben im allgemeinen und Ihre Gewohnheiten im besonderen vorführten, zugleich aber Zuschauer sind, der darüber lachen kann. Sobald Sie über etwas lachen können, ist es plötzlich nicht mehr so schwerwiegend. Es wird so viel leichter sein, sich aus Gewohnheiten herauszuschleichen.

Nun können Sie versuchen, bewußt etwas anders zu machen: Wählen Sie einige Ihrer Gewohnheiten und machen Sie genau das Gegenteil. Lassen Sie sich nicht stören, wenn das auf Anhieb unpraktisch oder dumm erscheint: Beginnen Sie beim Essen mit der Nachspeise, trocknen Sie sich ab, bevor sie duschen, ziehen Sie Ihre Straßenkleider an, wenn Sie schlafen gehen, oder bewegen Sie sich in Ihrer Wohnung rückwärts. Vergessen Sie nicht, Sie führen eine Komödie auf; lachen Sie über alle Vorfälle, die passieren.

Werden Sie sich also Ihrer Gewohnheiten bewußt, lachen Sie darüber und definieren Sie neu, welche Gewohnheiten in der Tat praktisch sind und welche einschränkend sind und deshalb aufgegeben werden können. Sie werden bald merken: Humor ist ein naher Verwandter der Weisheit!

Hofnarren, Zirkusclowns, Satiren, Komödien oder Witze haben genau diese Funktion: Sie zeigen mit Humor auf, daß kaum etwas wirklich so ernst ist, wie viele meinen, es im Prinzip keine festen Regeln gibt und deshalb nicht an allem festgehalten werden muß.

Anschauungen überwinden

Viele Leute identifizieren sich über bestimmte Anschauungen, beispielsweise politische: Jemand ist links oder rechts orientiert, ist überzeugt, die Wale schützen oder die Ausländerzahl reduzieren zu müssen. Oder Anschauungen allgemeiner Natur: Frauen handeln gefühlsbetont, Männer sind die besseren Autofahrer; oder ganz persönlich: Ich schaffe unmöglich eine achtstündige Bergwanderung; ich kann nicht abnehmen.

Oft übernehmen wir von Organisationen, Gruppen, Freunden oder Verwandten ganze Paletten von Anschauungen. »Bürgerlich« oder »alternativ« sein heißt, ganz bestimmte, genau definierte Anschauungen zu befolgen. Es ist dann selten klar, ob etwas eine eigene oder eine übernommene Anschauung ist.

Wie auch immer: Feste Anschauungen schränken ein, indem sie Informationen jeder Art filtrieren und zwangsläufig dabei nicht viel Neues zulassen. Sind wir links orientiert, lehnen wir gute Ideen ab, wenn sie von rechts kommen und umgekehrt, statt je nach Sachlage zu entscheiden.

Die symbolische Einweihung

Diese Technik gehört zu den fortgeschritteneren, die Sie nur dann anwenden sollten, falls Sie sich dabei wohl fühlen. Die symbolische Einweihung hat zum Ziel, für sich selbst tief im Inneren ein Zeichen zu setzen, daß ein bestimmter Lebensabschnitt mit ganz konkreten Anschauungen abgeschlossen ist und ein neuer beginnen kann. Definieren Sie hierzu vorerst den Lebensabschnitt und die daran gekoppelten Anschauungen. Zum Beispiel: »Als Dreißigjähriger glaubte ich zu einer Ge-

wichtsabnahme unfähig zu sein.« Treten Sie anschließend in die spirituelle Welt ein, und nehmen Sie mit
Ihrem spirituellen Helfer Kontakt auf. Erklären Sie ihm
Ihren Wunsch, einen neuen Lebensabschnitt zu beginnen. Stellen Sie sich nun vor, Sie würden ein Feuer machen. Verlassen Sie Ihren Körper und werfen Sie anschließend (wir sind immer noch in der spirituellen
Welt!) einen um den anderen Ihrer Körperteile in das
Feuer. Sie verbrennen sich also vollständig.
Mit dem alten Körper sind gleichzeitig alle daran gekoppelten Anschauungen zerstört worden. Sie können jetzt
neu beginnen: Wenn nur noch Asche übrig bleibt, mi-
schen Sie etwas Wasser dazu und stellen eine tonartige
Substanz her. Damit bilden Sie einen neuen Körper nach
Ihrem Wunsch. Danken Sie Ihrem spirituellen Helfer,
und treten Sie wieder in die alltägliche Welt zurück.
Ihre Arbeit in der spirituellen Welt wird einen Einfluß auf
die physikalische haben.

Sich von Bedürfnissen trennen

Selbstverständlich sind gewisse Grundbedürfnisse wie
Nahrung, Luft oder Schutz vor den Elementen lebensnotwendig und können nicht aufgegeben werden. Sieht
man aber davon ab, gibt es eine ganze Reihe von Bedürfnissen, von denen wir uns durchaus lösen können
wie Sicherheit, Anerkennung oder Lob. Für viele von uns
ist es sehr schmerzhaft, wenn Lob oder Unterstützung
ausfallen, und so richten wir unser Leben möglichst so
ein, daß diese Bedürfnisse erfüllt werden, auch wenn das
dazu notwendige Verhalten uns im Grunde zuwider ist.
Klassische Beispiele sind Menschen, die ihre Ausbildung
und Berufswahl, ihre Partnerwahl und sogar Ihre Lebenseinstellung nach den Wünschen anderer ausrichten, nur

um deren Anerkennung nicht zu gefährden. Dabei gefällt ihnen ihr Beruf im Grunde nicht, oder sie träumen von der verlorenen Liebe, einer verpaßten Gelegenheit. Geben wir diese Bedürfnisse auf, werden wir frei, dann können wir das machen, was uns wirklich entspricht. Versuchen Sie sich einmal vorzustellen, wie Sie leben würden, falls Sie Sicherheit, Anerkennung oder Lob nicht mehr nötig hätten.

Der körperliche Entzug

Eine Möglichkeit zur Überwindung von Bedürfnissen liegt im körperlichen Entzug (Nahrung, Wärme, menschliche Kontakte). Dabei werden durch Fasten, Isolation, Schmerz, Kälte, Hitze oder dergleichen enorme gefühlsmäßige Schwankungen verursacht, die starke Zweifel an sich selbst hervorrufen. Diese Schwankungen werden überwunden, indem das Augenmerk zwangsläufig immer mehr auf den eigenen Körper gerichtet wird. Schließlich stellt man fest, daß man nur sich selbst hat. Es wird dabei je nach Grad des Entzugs unmöglich, sich irgendwelchen Bedürfnissen zu widmen, die nicht lebensnotwendig sind. In dieser Krisensituation können überflüssige Bedürfnisse leichter aufgegeben werden und müssen auch dann nicht beibehalten werden, wenn der Entzug beendet ist.
Für den ungeübten Schamanen können solche Übungen sehr gefährlich sein. Auch wenn diese Methoden sehr wirksam sein mögen, empfehle ich sie nur in stark modifizierter Form. Mit folgenden Ideen können Sie jedoch ein Gefühl für die Wirkung des körperlichen Entzugs bekommen:
- **Kontaktentzug:** Gehen Sie einen oder mehrere Tage lang allein auf eine Wanderung oder sitzen Sie mehre-

re Stunden allein auf einem Stein, einem umgestürzten Baumstamm, auf dem Boden.

- **Körperlicher Entzug:** Fasten Sie mehrere Tage lang (evtl. nach Absprache mit Ihrem Arzt); Sie müssen währenddessen allerdings viel Flüssigkeit zu sich nehmen (Mineralwasser, Kräutertee).

Bei allen wichtigen Religionsgründern war der körperliche Entzug ein wichtiges Mittel der Überwindung: Jesus ging vierzig Tage allein in die Wüste, Buddha meditierte lange Zeit in der Einsamkeit, und Mohammed verbrachte viel Zeit allein in einer Höhle. Von Schamanen werden diesbezüglich radikale Geschichten erzählt, wie beispielsweise von einem Inuit (Eskimo) namens *Igjagurjuk*: Dieser begab sich ohne geeignete Kleidung in eine Schneehütte, fastete dort fünf Tage und trank erst dann etwas Wasser. Anschließend nahm er wieder 15 Tage lang weder Nahrung noch Wasser zu sich. Nach einer Mahlzeit, bestehend aus Wasser und Fleisch, hungerte er nochmals zehn Tage, ehe er wieder zu seinen Stammesgenossen zurückkehrte.

Nochmals: Von auch nur annähernd so radikalen Kuren rate ich Ihnen dringend ab! Beginnen Sie langsam, und wenn Ihnen dabei wohl ist, können Sie steigern.

Sicher werden Sie von jetzt an immer wieder auf Dinge stoßen, die Sie im Grunde nicht nötig haben: Lassen Sie sie los! Schaffen Sie Raum für Neues! Selbstverständlich können die erwähnten Methoden ausgetauscht werden: Der körperliche Entzug kann auch zur Überwindung von Gewohnheiten oder die symbolische Einweihung zur Veränderung von Auffassungen verwendet werden. Wie immer: Machen Sie das, was für Sie funktioniert!

Sie wissen nun, wie Sie Altes loslassen können, um mehr Raum zu schaffen. Aber was machen Sie mit Ihrer freigewordenen Kapazität?

Freie Kapazitäten kreativ füllen

Wird der bisher geschaffene Freiraum nicht bewußt gefüllt, wird er sich möglicherweise einfach mit neuem Ballast füllen. Diese Erfahrung haben Sie sicher schon in Ihrer Wohnung gemacht: Kaum haben Sie einen Schrank geleert, stellen Sie fest, daß Sie schon wieder keinen freien Platz haben und die ganze Mühe umsonst war. Überlassen Sie also das Auffüllen des freigewordenen Raums nicht dem Zufall. Füllen Sie ihn mit Sachen, die Ihnen etwas nützen, an denen Sie Freude haben, die Sie weiterbringen oder mit denen Sie einen Traum verwirklichen können.

Das heißt, Sie müssen sich im klaren darüber sein, was Sie wollen, und es ist von Vorteil, wenn Sie dabei so spezifisch wie möglich sind.

Oft ist uns aber nicht klar, was wir wirklich wollen. Wir mögen zwar diffuse Wünsche haben, aber wir wissen nicht, ob sie uns wirklich entsprechen, und auch nicht, welche davon uns wie wichtig sind. Das heißt, wir müssen in uns gehen und erkennen, wohin der Pfad geht. Es folgt also eine sogenannte Phase der Introspektion.

Was will ich?

Nehmen Sie ein Blatt Papier und schreiben Sie alles auf, was Sie sich wünschen. Seien Sie dabei so hemmungslos wie nur möglich; auch wenn Sie wissen, daß etwas für Sie nie in Frage kommt, schreiben Sie es trotzdem auf. Alles ist erlaubt: ein neues Motorrad, ein schlanker Körper, eine Reise in den Urwald, eine befriedigende Arbeit oder ein Umzug in eine andere Stadt. Lassen Sie sich für diese Aufgabe ruhig mehrere Tage Zeit. Zögern Sie nicht, Ihren spirituellen Helfer nach weiteren Wünschen zu befragen, die möglicherweise in Ihrem Unterbewußtsein schlummern. In der spirituellen Welt wird der Helfer Ihnen weitere Möglichkeiten zeigen. Schreiben Sie alles auf, auch wenn Sie das Gefühl haben, das könne unmöglich einer Ihrer Wünsche sein.

Sie haben nun eine Liste Ihrer Wünsche; Sie werden sich aber kaum alle erfüllen können, denn es ist in den meisten Fällen nicht möglich, genügend Platz oder Kapazität zu schaffen, damit sämtliches berücksichtigt werden kann. Es geht also darum, Prioritäten zu setzen und solche Wünsche ausfindig zu machen, die tatsächlich in den freigewordenen Raum passen.

Prioritäten festlegen und handeln

Gehen Sie Punkt für Punkt Ihre Wunschliste durch: Versuchen Sie auf Ihre inneren Gefühle zu hören. Stellen Sie sich vor, ein konkreter Wunsch sei erfüllt worden: Was für Gefühle kommen auf? Vergleichen Sie diese Gefühle mit den anderen Punkten auf Ihrer Liste. Was sagt Ihnen am meisten zu? Was macht Ihnen am meisten Spaß?

Lassen Sie in diesem Fall Ihren Verstand möglichst ganz beiseite. Ignorieren Sie Bedenken wie: »Das geht ja nicht, weil . . .« oder »Das würde ich schon lieber machen, aber . . .«. Für diese Übung gibt es keine »Aber«: Das, was Ihnen gefühlsmäßig am meisten zusagt, ist das Richtige.

Auch bei dieser Frage lohnt es sich, Ihren spirituellen Helfer hinzuzuziehen. Lassen Sie sich viel Zeit für diese Aufgabe; fragen Sie Ihren spirituellen Helfer ruhig mehrmals. Es ist keine Belastung für ihn, Ihnen behilflich zu sein. Je klarer Sie Ihre Prioritäten kennen, desto leichter ist es auch, sie dann durchzusetzen.

Haben Sie Ihre wichtigsten Wünsche herausgefunden,

müssen Sie überprüfen, ob Sie genügend Kapazität oder Raum geschaffen haben: Für ein neues Motorrad müssen Sie in Ihrer Garage genügend Platz haben und ausreichend Zeit, es auch zu fahren; wollen Sie nach München umziehen, müssen Sie sich beispielsweise zuerst vom Gefühl trennen, Ihre kranke Großmutter in Hamburg pflegen zu müssen. Falls Sie entdecken, daß Sie nicht genügend Kapazität haben, blättern Sie einige Seiten zurück und finden Sie heraus, auf was Sie sonst noch verzichten könnten.

Wenn Sie entschieden haben, was Sie tun wollen, müssen Sie es auch durchführen. Nach der Phase der Entleerung und Introspektion folgt eine der Handlung. Das heißt, Sie müssen hingehen und das Motorrad auch tatsächlich kaufen oder eine Münchener Zeitung abonnieren, damit Sie sich dort um freie Stellen bewerben können. Sie werden nun eine Zeitlang an diesen Wünschen arbeiten, bis Sie sie erreicht haben. Mit der Zeit werden Sie spüren, daß der Moment für eine weitere Entleerung gekommen ist, damit wieder Neues erlebt werden kann. So geht das Leben immer weiter: Entleerung, Introspektion, Aufbau, Vollendung.

Der Zyklus Entleerung – Introspektion – Aufbau – Vollendung

Beim Betrachten Ihrer Umwelt werden Sie sehen, wie fast alles um uns herum in solchen Zyklen der Entleerung (oder Überwindung, Zerstörung), der Introspektion (oder Stille), des Aufbaus (oder des Wachstums, der Handlung, des Füllens) und schließlich der Vollendung (oder Fertigstellung) folgt: Im Herbst stirbt das Laub, es folgt eine Zeit der Winterruhe, bis im Frühjahr das Wachstum wieder beginnt und im Sommer vollendet wird. Ganz ähnlich verhält es sich an einem einzelnen Tag: Am Abend wird es allmählich dunkel, das Licht wird zerstört, es folgt die Nachtruhe, bevor es langsam heller wird und die Sonne aufgeht, die den neuen Tag wiederum zur Vollendung bringt.

Solche Zyklen können auch als Wellen oder Kreise dargestellt werden: Etwas wird immer mehr (wärmer, heller), erreicht dann ein Maximum, wird dann immer weniger (kälter, dunkler), bevor alles von neuem beginnt, wie bei einem Kreis, bei dem man immer wieder an den gleichen Ort zurückkehrt. Fast alles läuft so ab: Materie besteht aus schwingenden Teilchen, Töne bewegen sich wellenförmig fort, die Erde dreht sich und kreist um die Sonne, die politische Stimmung schwankt von links nach rechts und zurück, Kleidermoden kommen und gehen, nur um einige Jahre später wieder aufzutauchen.

Die Erkenntnis, daß sich alles in Wellen oder Kreisen abspielt, ist für Schamanen von äußerster Wichtigkeit: Sie folgern daraus, daß nichts endet, sondern sich alles lediglich verändert. Und Leben ist nichts anderes als genau diese Veränderung, ein Kommen und Gehen, immer weiter und weiter, ständig sich verändernd und wandelnd.

Wo ein Zyklus oder eine Welle beginnt und wo sie endet, ist eine Frage des Standpunkts: Bei stark mit der Natur verbundenen Völker, wie bei den Kelten, begann das neue Jahr im Herbst, woraus auf die Bedeutung des Sommers als Vollendung geschlossen werden kann. Mehr auf den Winter orientierte Menschen, wie Direktoren von Skigebieten, beginnen mit der Planung der Wintersaison im Frühjahr, ihr »Neujahr« ist im Frühling, und der Winter ist die Vollendung.

Des einen Aufbau ist also des anderen Abbau: Dadurch, daß Sie Hamburg verlassen – und zuvor die Pflege Ihrer Großmutter gesichert, damit auch Ihr schlechtes Gewissen überwunden haben –, hat jemand anders dort Raum, um etwas aufzubauen: Vielleicht entsteht eine neue, innige Beziehung zwischen der Person, die sich nun um die alte Dame kümmert, und Ihrer Großmutter. Vorher war der Platz von Ihnen besetzt. Dafür muß jemand in München eine Stelle für Sie freimachen. Ihr Zyklus ermöglicht so andere Zyklen, und es kommt auf den jeweiligen Betrachter an, was Überwindung und was Aufbau ist.

Der Zyklus von Geburt und Tod

Wenden wir diese Erkenntnis zum Schluß direkt auf uns selbst an und betrachten die Bedeutung von Geburt und Tod.

Was bedeutet unser Tod? Stellt er ein Ende oder einen Neubeginn dar? Für Schamanen ist er beides gleichzeitig: Wir beenden unseren Aufenthalt in der physikalischen Welt und wenden uns nur noch der spirituellen zu. Der Tod ist also eine Übergangssituation.

Dasselbe gilt für die Geburt, nur ist es hier umgekehrt. Wir beginnen unsere separate Existenz in der physikalischen Welt und beenden das, was vorher kam – was immer das gewesen sein mag.

Geburt und Tod sind ein Kommen und ein Gehen, ein Überwinden und ein Neubeginn. Und je nach Blickwinkel ist das gleiche Ereignis zugleich ein Ende und ein Anfang.

Auch diesem Buch geht es nicht anders: Wir sind am Ende dieses Kapitels angelangt und zugleich am Beginn des nächsten. Würde ich dieses Kapitel nicht abschließen, hätte ich nie Gelegenheit, Ihnen zu zeigen, wie Sie Gefühle als Tor zur spirituellen Welt verwenden können . . .

7 Die Gefühle als spirituelle Helfer

Wir kennen das alle: Der tüchtige, gelassene Geschäftsmann, der mit seiner Bilderbuchfamilie in einem schönen Haus in einer Vorstadtgemeinde lebt, muß unerwartet wegen eines Herzinfarktes ins Krankenhaus gebracht werden. Oder die mustergültige Hausfrau, bei der alles zu klappen scheint, leidet immer öfter an Kopfschmerzen. Oder den ausgeglichenen, ruhigen Nachbarn, der eine vorbildliche Ehe führt, sieht man unerwartet wütend das Haus verlassen. Später erfährt man, er habe sich von seiner Frau getrennt.

Bei all diesen Beispielen handelt es sich um Menschen, die ihre Gefühle unterdrückten und als Resultat früher oder später unter körperlichen und/oder seelischen Symptomen leiden.

Schamanen kennen diese Zusammenhänge sehr gut; für sie sind die Gefühle eines der direktesten und allgegenwärtigen Mittel, mit denen die spirituelle Welt mit den Menschen kommuniziert. Hinweise auf kommende oder nicht beachtete Probleme, Beurteilung anderer Menschen, Interpretation von Geschehnissen, Warnung vor gefährlichen Situationen, notwendige Energie, um Neues zu erleben – dies und viel mehr geschieht über die Gefühle. Sie sind Lebenshilfe par excellence. Sie machen sich zunächst sehr subtil bemerkbar, werden sie aber mißachtet, muß die spirituelle Welt zu stärkeren Mitteln greifen, und es entstehen entweder körperliche Symptome oder für die Umgebung unverständliche Gefühlsausbrüche.

Von allen Anthropologen, die bisher Schamanen untersucht haben, hat interessanterweise kaum einer die Bedeutung der Gefühle für diese Leute bemerkt. Es ist in der Tat auch schwierig, denn viele Schamanen erwecken den Eindruck, als würden sie nichts spüren. Ich habe selbst indianische Schamanen beobachtet, die mitreißende Tänze leiteten, jedoch dabei keine Miene verzogen. Anthropologen haben daraus geschlossen, daß Schamanen offenbar die Gefühle überwunden – oder, wie sie es nennen, transzendiert – haben. Sie meinen, Schamanen müßten sich nicht mehr mit so alltäglichen Dingen abgeben. Diese Meinung mag wohl daher kommen, daß für viele von uns – die Anthropologen einbezogen – die meisten Gefühle als eher mühsam empfunden werden. Diese Vorstellung von den Schamanen entspricht deshalb einem Wunschdenken: Die haben es geschafft, keine Angst oder keine Wut mehr zu haben.

Wir stehen also vor einem Dilemma. Einerseits sind die Gefühle für Schamanen von größter Bedeutung, jedoch merkt man ihnen kaum etwas davon an.

Versuchen wir der Sache etwas auf die Spur zu kommen und analysieren wir die Bedeutung der Gefühle im Schamanismus etwas genauer.

Wir sind Meister im Unterdrücken der Gefühle

Gefühle sind ständig in uns, in jeder Lebenslage. Es gibt kein Entfliehen. In unserer Gesellschaft sind wir jedoch wahre Meister im Unterdrücken. Gefühle werden als Schwäche bezeichnet; es geht darum, beherrscht zu bleiben und objektiv zu entscheiden. Sagt ein Ingenieur, der Brückenpfeiler müßte »gefühlsmäßig« etwas dicker sein, wird er ausgelacht und hat bald keine Aufträge mehr. Treten einmal doch Gefühle hervor, schämen wir uns, wir versuchen unsere Tränen zu unterdrücken oder bändigen einen Freudensprung. Auch schauen wir diskret weg, wenn jemand anderer Gefühle zeigt; es ist uns peinlich, wir wissen nicht, wie wir uns verhalten sollen. Dadurch, daß wir unsere Gefühle unterdrücken, gehen sie aber nicht weg. Im Gegenteil. Der verantwortliche »Sender« unseres Körpers, der das Gefühl auslöst, und der »Empfänger«, mit dem wir es feststellen, bleiben gereizt. Wiederholt sich die gefühlsauslösende Situation immer wieder, wird diese Reizung sogar ständig verstärkt. Die Spannung wird nicht abgebaut, sondern erhöht. Auf die Dauer reagiert der Körper an diesen Stellen mit körperlichen Symptomen.

Die Unterdrückung von Gefühlen ist so häufig, daß in unserer Gesellschaft fast alle unsere körperlichen Leiden ihren Ursprung in unbeachteten Gefühlen haben. Mit Ausnahme einiger Psychiater wird dieser Zusammenhang von der Schulmedizin nicht anerkannt. Die meisten Mediziner sind lediglich darauf spezialisiert, die körperlichen Symptome zu behandeln. Es ist ja auch nicht erlaubt, einige Tage zu Hause zu bleiben, »nur« weil man sich eine Zeitlang seinen Gefühlen widmen muß; hingegen kann man wegen körperlichen Symptomen problemlos krankgeschrieben werden.

Zur Illustration einige Beispiele von Krankheiten, die durch unterdrückte Gefühle ausgelöst werden:

- **Gallenstörungen:** Gallenstörungen treten meist bei Leuten auf, die ihren Ärger unterdrücken. Ihre Aggression richtet sich nach innen, wodurch es zu einem Energiestau kommt, der eine Eindickung der Galle auslöst und auf die Dauer zu Gallensteinen führen kann.

- **Nierenstörungen:** Probleme mit der Niere resultieren oft aus unterdrückter Trauer. Verliert man beispielsweise seinen Partner durch Tod oder Scheidung und unterdrückt seine Trauer, Ängste oder Verzweiflung, wird der Körper gezwungen, die negativen Gefühle zu verarbeiten. Die Nieren als Entgiftungsorgane sind dabei überfordert und beginnen zu leiden.
- **Kopfschmerzen:** Kopfschmerzen können durch großen Ehrgeiz, einen übertriebenen Perfektionsanspruch und durch den Versuch, seinen Willen durchzusetzen, ausgelöst werden. Diese Menschen versuchen alles mit dem Kopf zu erreichen, wodurch dieser überbeansprucht wird.
- **Durchfall:** Durchfall stammt oft von unverdauten Ängsten. Man hat das Gefühl, sich in einer ausweglosen Situation zu befinden und es nicht zu schaffen.
- **Verstopfung:** Menschen, die unter Verstopfung leiden, können nicht loslassen. Sie spüren keine Trauer und bleiben an allem hängen.
- **Rückenprobleme:** Rückenprobleme haben ebenfalls mit mangelndem Loslassen zu tun. Ein solcher Mensch nimmt immer mehr und mehr auf sich, bis die Last zu groß wird und die »Stützen« überfordert werden. Wiederum braucht es das Gefühl von Trauer, um sich von der zu großen Last zu befreien.

Diese Liste ist natürlich keinesfalls umfassend; sie soll nur zeigen, was für Zusammenhänge es geben kann. Für eine systematischere Betrachtung empfehle ich das Buch von *Gisela Mühlhans, Heilung aus dem Selbst,* erschienen im Mary Hahn Verlag.
Da aber körperliche Symptome von Person zu Person variieren, ist es natürlich am besten, für sich selbst herauszufinden, worauf ein bestimmtes körperliches Symptom beruht.

Wieso leide ich unter ... ?

Sie haben ein körperliches Leiden und wollen wissen, welches unterdrückte Gefühl dafür verantwortlich ist. Wie gehen Sie vor? Wenn Sie die folgende Anleitung zum ersten Mal ausprobieren, wählen Sie nicht gleich ein sehr gravierendes Problem; mit etwas mehr Übung, und nachdem Sie Ihre Gefühle besser kennengelernt haben, können Sie dann Ihre ernsthafteren körperlichen Leiden auf die gleiche Weise angehen.

Treffen Sie die üblichen Vorbereitungen für den Eintritt in die spirituelle Welt. Bitten Sie Ihren spirituellen Helfer, Ihnen die unterdrückten Gefühle eines bestimmten körperlichen Leidens aufzuzeigen. Schlagen Sie ihm vor, den kranken Teil Ihres Körpers aufzusuchen.

Leiden Sie beispielsweise häufig unter Magenschmerzen, reisen Sie mit Ihrem Helfer in den Bereich Ihres Magens. Sie können dann spüren, wie Sie beide ganz klein werden und Ihre Speiseröhre hinunterrutschen. Dort angekommen wird er Ihnen eine ganze Reihe von Dingen zeigen, die Sie zuviel »schlucken«, oder zeigen, daß Sie Ihren Ärger nicht richtig zum Ausdruck bringen über unangebrachte Kritik Ihres Vorgesetzten oder Erwartungen Ihrer Eltern.

Leiden Sie an Kopfschmerzen – um ein weiteres Beispiel aufzuführen – steigen Sie mit Ihrem Helfer in Ihr Gehirn. Dort wird er Ihnen vielleicht Situationen zeigen, bei denen Sie versuchen, Ihren Willen zu stark durchzusetzen. Haben Sie die gewünschte Information erhalten, danken Sie Ihrem Helfer und betreten wieder die physikalische Welt.

Als ich auf diese Weise meinen spirituellen Helfer um Hilfe bei einem Problem mit Fußpilz befragte, erlebte ich folgende Vision: Als erstes Bild sah ich, wie verschiedene Ärzte Teile von meinem Fuß entfernten, wobei ich aber nicht den geringsten Schmerz spürte; im Gegenteil: Der Fuß schien so weit von mir entfernt, daß ich eher den Eindruck hatte, der Fuß gehöre gar nicht zu mir, obwohl ich durchaus sah, daß er an meinem Bein angewachsen war. Dann wechselte das Bild. Ich sah nun den gezeichneten Umriß eines Mannes. Mir war sofort klar, daß dieses Bild eine schematische Darstellung meiner selbst war. Das Innere des Mannes war vollständig rot ausgefüllt. Es erschienen nun verschiedene schwarze Pfeile, welche den Mann von allen Seiten bedrängten. Dieser reagierte, indem er das Rot ins Zentrum zurückzog und zuerst die Füße und Hände und später auch die Beine und Arme schwarz wurden.

Nach meiner Interpretation zog ich mich bei großer Bedrängnis oder Angst soweit in mich selbst zurück, daß ich den Kontakt zu meinen Füßen verlor und die Widerstandskraft für diesen Bereich des Körpers sehr nachließ. Ich war mir meiner Angst nicht bewußt, und so blieb dieser Zustand während längerer Zeit, so daß der Pilz sich auf meinen Füßen ungehindert ausbreiten konnte.

Beobachten Sie auch andere Menschen

Um die Zusammenhänge zwischen unterdrückten Gefühlen und körperlichen Leiden besser zu erkennen, können Sie andere Menschen beobachten. Dies ist oft sehr eindrucksvoll. Ein guter Ort hierzu ist ein Schwimmbad. Betrachten Sie besonders die Eltern, die um das Kinderbecken stehen und ihre Sprößlinge überwachen. So schön es auch sein mag, Kinder zu haben – sie kosten viel Zeit und Nerven. Eltern haben oft keine Zeit, sich ihren eigenen Ansprüchen und Gefühlen zu widmen. Dadurch kommt es bei dieser Gruppe besonders häufig zu unterdrückten Gefühlen.

Betrachten Sie die Körperformen und Gesichtsausdrücke genauer. Was spüren Sie? Was für Gefühle sind dort verborgen?

Ein dicker Bauch bei einem sonst schlanken Körper mag zeigen, wie dieser Mensch seinen Bauch vor Angst zu schützen versucht, jedoch mit seinen dünnen Beinen nichts gegen seine Angst unternimmt. Oder sind die Beine kräftig und der übrige Körper untrainiert, dann versucht diese Person mit übertriebenen Handlungen, den Gefühlen auszuweichen. Ein Doppelkinn bei einer sonst eher schlanken Frau kann zeigen, daß sie Mühe hat, ihre Gefühle in Worte zu fassen. Versuchen Sie die Körperformen zu interpretieren und beobachten Sie, ob die Gesichtsausdrücke zu den Körperformen passen.

Gefühlsausbrüche

Die Unterdrückung der Gefühle führt nicht nur zu körperlichen Symptomen, sondern auch zu übertriebenen Gefühlsausbrüchen. Gefühle werden so lange aufgestaut, bis es zu einem wahren Dammbruch kommt. Hier werden in Wutanfällen jahrelange Beziehungen praktisch von einem Tag auf den nächsten abgebrochen, in einem plötzlichen Anfall maßloser Verzweiflung Selbstmord begangen oder man versinkt in tiefe Depressionen. Ein Beispiel: Einer meiner Arbeitskollegen hatte nie über seine Arbeit geklagt und erledigte seine Aufgaben immer vortrefflich. Nach außen schien er ausgeglichen, und alle waren außerordentlich erstaunt, als er eines Tages türschlagend und wutschnaubend das Büro des Chefs verließ und seine Kündigung formulierte. Wir erfuhren, daß es sich bei der Auseinandersetzung um eine banale Kleinigkeit handelte. Aber offenbar hatte er seinen Ärger – worüber auch immer – so lange aufgestaut, daß es nur noch des berühmten letzten Tropfens bedurfte, das Faß zum Überlaufen zu bringen. Aufgrund des Gefühlsausbruchs kam es zu einer Kurzschlußhandlung. Werden Gefühle ignoriert oder unterdrückt, resultieren daraus körperliche Symptome oder übertriebene Gefühlsausbrüche. Umgekehrt sind körperliche Leiden meist ein Anzeichen, daß Gefühle unterdrückt werden. Viele körperliche Leiden können vermieden werden, indem die Gefühle ernstgenommen, gelebt und verarbeitet werden. Dies ist natürlich einfacher gesagt als getan.

Welche Gefühle gibt es?

Schamanen gehen von fünf Grundgefühlen aus, die in verschiedenen Kombinationen der Fülle anderer Gefühle zugrunde liegen. Ganz ähnlich, wie aus einigen wenigen Grundfarben eine fast unendliche Palette von Farben hergestellt werden kann. Diese Grundgefühle sind: *Angst, Wut, Trauer, Glück* und *Mitgefühl.*
Diese Gefühle hängen mit den Grundbedürfnissen des Menschen zusammen: Angst schützt, Wut verteidigt, Trauer läßt los, Glück gibt Auftrieb und Mitgefühl verbindet. Diese Systematisierung der Gefühle ignoriert natürlich den sehr persönlichen Charakter der Gefühle für jeden einzelnen Menschen: Wir kommen nicht darum herum, unsere eigenen Gefühle zu ergründen.

Die Wut

Wir werden wütend, wenn andere unsere Grenzen verletzen. Diese Menschen treten uns zu nahe oder erfüllen unsere Erwartungen nicht: Jemand drängt sich in einer Warteschlange vor uns, oder die Lohnzahlung fällt aus.

135

Wut ist ein berechtigtes Schutzgefühl, das eine Verteidigungsmaßnahme fordert: Wir sagen dem Eindringling, er solle hinten anstehen, oder wir gehen zum Anwalt, um mit seiner Hilfe unseren Lohn zu fordern.

Wut kann auch gegen uns selbst gerichtet sein. Dies geschieht, wenn wir beispielsweise unsere eigenen Erwartungen nicht erfüllt haben. Ein schlechtes Gewissen ist eine milde Form hiervon: Wir sind wütend, weil wir unser Trainingsprogramm nicht eingehalten oder ein Stück Kuchen zuviel gegessen haben. Die Extremform ist die Depression; in diesem Fall haben wir uns selbst gegenüber vollständig versagt.

Wenn wir wütend sind, zeigen wir die Zähne, ballen unsere Fäuste, versteifen unseren Rücken, drücken unser Kinn nach vorne, erhöhen unsere Stimme oder bekommen funkelnde Augen. Unsere Aura wird rot gefärbt, vibriert unregelmäßig und schlägt heftig gegen andere. Wut kommt in unzähligen Stärkegraden vor, von einfacher Erregung oder Entrüstung über Zorn bis zu heftigen Aggressionsausbrüchen.

Angst

Angst kommt auf, wenn Gefahr erwartet wird. Es ist ein Warnsignal: »Achtung, du mußt jetzt aufpassen, irgendwo lauert eine Gefahr.« Gleichzeitig stellt die Angst zusätzliche Energie zur Verfügung, um etwas gegen diese Gefahr zu unternehmen: Wir sind wachsamer, unser Herzschlag nimmt zu, wir sehen besser und atmen schneller.

Früher, als die Hauptgefahren der Menschheit wilde Tiere waren, war diese Reaktion auf Angst sehr wertvoll, denn Wachsamkeit und schnelle Reaktion waren lebensrettend.

Heutzutage sind die Gefahren viel diffuser und gehen nicht so schnell vorüber. Wir haben jeden Tag, Jahr für Jahr Angst vor unserem Chef, Angst, kritisiert und entlassen zu werden, oder Angst, daß unser Partner uns verläßt. Womöglich plagen uns sogar noch Ängste aus der Kindheit oder aus der Säuglingszeit: Wir haben Angst, die Eltern könnten nicht zufrieden sein, oder Angst, wir bekämen zuwenig Nahrung. So wird Angst für sehr viele Leute zu einem chronischen Gefühl.

Wir unternehmen auch nichts wegen unserer Angst, denn dieses Gefühl hat einen sehr schlechten Ruf und daher geben wir es besser gar nicht erst zu. Angst gilt für viele als Zeichen für Lebensuntüchtigkeit, Feigheit und Minderwertigkeit. Wie die anderen Gefühle wird so auch das der Angst unterdrückt: Als Konsequenz leiden wir unter Schwäche, Müdigkeit, Herzklopfen und Schweißausbrüchen.

Angst spüren viele Leute in der Bauchgegend. Sie verfärbt die Aura weißgrau. Auch die Angst kennt viele Stufen, von Unentschlossenheit oder Besorgnis bis zu Verzweiflung und Panik.

Trauer

Trauer ist das Gefühl, das aufkommt, wenn uns Verluste zu schaffen machen. Wir verlieren unsere Jugend, Geld, die Arbeit, den Ehepartner, einen Freund und vieles mehr. Obwohl Veränderungen durch Verluste unausweichlich sind, wollen wir, daß alles bestehen bleibt. Trauer ist das Gefühl, das uns hilft, unser Bedürfnis nach Sicherheit und Stabilität zu überwinden, damit wir wieder frisch sind, uns Neuem zu widmen. Trauer ist wie ein Gewitter, zum Teil sehr heftig, aber danach sind wir gereinigt und erneuert.

Die meisten Leute spüren Trauer im Bereich zwischen Magen und Brust. Dieses Gefühl verfärbt die Aura schwarz.

Glück

Freude ist die dynamische Energie des Glücks, sie stellt uns auf und gibt uns Auftrieb. Wir werden großzügig, offen für alles Neue, haben auch genügend Energie, es zu verarbeiten. Wir fühlen uns gut genug, um Berge zu versetzen und können dabei richtiggehend in Ekstase geraten. Leider haben viele Leute nur selten das Gefühl allumfassenden Glücks, denn als Bedingung hierfür müssen wir zuerst die anderen Gefühle durchleben. Nur wer die Angst oder die Trauer durch sich fließen läßt, kann dieses Glück erreichen.
Glück ist mehr als Fröhlichkeit oder Heiterkeit, es kommt von innen und strahlt stark aus uns heraus. Das Glücksgefühl entschädigt uns für alles Leiden an sogenannten negativen Gefühlen wie Wut, Angst und Trauer.
Die Aura eines glücklichen Menschen strahlt in allen Farben des Regenbogens. Wir spüren dieses Gefühl im ganzen Körper.

Das Mitgefühl

Mitgefühl zeigt uns, daß wir mit anderen Menschen bzw. mit allen anderen Lebewesen verbunden sind. Wir spüren, daß wir ein Teil des Ganzen sind, nicht unabhängig voneinander funktionieren können und deshalb zu anderen eine Beziehung aufbauen müssen. Mit Hilfe des Mitgefühls öffnen wir unsere Grenzen zu anderen, so daß ein Austausch stattfinden kann. In diesem Sinne ist

Mitgefühl das Gegenteil von Wut, bei dem diese Grenzen geschlossen werden.
Mitgefühl verfärbt die Aura hellblau. Meist spüren wir es in der oberen Brustgegend.

Die Vielfalt der Gefühle

Gibt es nicht viel mehr als diese fünf Grundgefühle? Was ist mit Eifersucht, Neid oder dem Verliebtsein? Diese Gefühle sind nach der Meinung vieler Schamanen nicht separate Gefühle, sondern Kombinationen der oben erwähnten Grundgefühle. Zeigen möchte ich dies an zwei Gefühlen: Neid und Verliebtsein.
Neid ist eine Mischung aus Angst, Wut und Mitgefühl. Sind wir neidisch, vergleichen wir uns mit anderen Menschen und schneiden dabei schlechter ab: Unser Nachbar hat die beruflich bessere Stellung oder das schönere Auto. Wir spüren Angst, nicht mithalten zu können, und wissen nicht, welche Folgen das haben könnte. Zusätzlich spüren wir Mitgefühl, denn wir haben offenbar die Grenzen zum anderen doch soweit geöffnet, daß der Vergleich uns überhaupt interessiert. Nur wenige Leute sind beispielsweise auf den Sultan von Brunei neidisch, obwohl alle wissen, daß der Herrscher einer der reichsten Männer der Welt ist: Unsere Grenzen ihm gegenüber sind nicht offen. Schließlich werden wir wütend darüber, daß wir diesen Vergleich überhaupt anstellen und darunter zu leiden haben.
Sind wir dagegen verliebt, lösen wir unsere Grenzen zu einem anderen Menschen vollständig auf, wobei dieses Mitgefühl mit einem sehr starken Glücksgefühl verbunden ist. Dieses Gefühl ist oft nur von kurzer Dauer, weil wir dabei unsere Identität verlieren. Manchmal entsteht mit der Zeit Wut, damit wir uns selbst wieder spüren.

Liebe und Haß

Sie mögen sich fragen, wieso ich bisher noch nichts über Liebe und Haß gesagt habe? Sind das nicht die wichtigsten Gefühle überhaupt?

Ich habe Liebe und Haß nicht unter den Grundgefühlen aufgeführt, weil dies meines Erachtens keine Gefühle, sondern Zustände oder Lebensmotivationen sind. Sowohl ein liebender wie ein hassender Mensch trägt alle Grundgefühle in sich, aber er lebt sie ganz anders aus. Liebe und Haß sind also die Vorzeichen der Gefühle: Eltern, die ihre Kinder lieben, haben nicht nur Glücks- oder Mitgefühl ihren Sprößlingen gegenüber, sondern durchaus auch Wut (das Kind schüttet schon wieder die Milch aus) oder Trauer (es ist kein Säugling mehr). Liebende Eltern setzen diese Gefühle aber positiv und nutzbringend für das Kind ein; schüttet das Kind die Milch aus, weisen sie das Kind auf eine solche Art zurecht, daß das Kind mehr Nutzen als Schaden daraus zieht. Gleichfalls erleben und anerkennen sie die Trauer, wenn ein Kind das Säuglingsstadium verläßt, sind aber offen für neue Entwicklungen des Kindes.

Hassende Menschen hingegen schauen nicht auf das Wohl eines anderen Wesens, sondern nur auf das eigene. Oft empfinden sie sogar Genugtuung , ja Freude angesichts des Leids anderer.

Liebe und Haß sind also eine Frage der Einstellung und können dementsprechend mit Hilfe der Willenskraft beeinflußt werden. Wenn wir lieben, wollen wir das beste für den anderen und wenn wir hassen das schlechteste. In beiden Fällen haben wir Gefühle: Liebe und Haß sind das, was wir daraus machen.

Jetzt, da wir uns im scheinbaren Dschungel der Gefühle etwas auskennen, ist es Zeit, diese auch zuzulassen und zu erleben:

Zulassen der Gefühle

Wenn Sie, so wie ich, lange Zeit die Gefühle unterdrückt haben und diese jetzt plötzlich zulassen, werden Sie folgende zwei Phasen durchmachen:

- 1. Phase: Sie durchleben sehr heftige Gefühle, werden von ihnen durcheinandergeworfen, und Sie werden sich wie ein kleines Floß auf offener See vorkommen. Während der Tiefpunkte werden Sie den Boden unter den Füßen verlieren und die Gefühle werden Sie so überwältigen, daß Sie kaum mehr etwas anderes wahrnehmen können und sich sicher oft fragen werden, wieso Sie sich auf das alles eingelassen haben. Sie werden in dieser Phase – ich will ganz offen sein – leiden. Halten Sie durch, diese turbulente Zeit wird vorübergehen.

- 2. Phase: Hier lernen Sie auf subtilere Gefühle zu achten. Sie werden die Gefühle erkennen, sobald Sie sich bemerkbar machen, und die darin enthaltene Meldung sofort entgegennehmen. Falls nötig, werden Sie handeln und dann das Gefühl wieder loslassen können. Extreme Wellengänge sind somit nicht mehr notwendig: Sie werden die sogenannten negativen Gefühle schneller wieder loslassen und somit länger im Zustand des Glücks bleiben können.

Nie werden Sie jedoch die Gefühle transzendieren: Diese werden immer bei Ihnen bleiben und Sie lediglich weniger aus der Bahn werfen.

Jetzt verstehen Sie sicher auch die Schamanen, die scheinbar ihre Gefühle überwunden haben. Diese zeigen keine offensichtlichen Gefühle, weil sie schon auf die subtilsten Anzeichen achten und danach handeln. Sie sind ausgeglichen – nicht, wie manche meinen, gleichmütig.

Gefühle erleben

Bestimmen Sie vorerst den konkreten Zeitpunkt, an dem Sie mit dem Erleben der Gefühle beginnen wollen. Zu Beginn wird das Verfolgen eines Gefühls mehrere Tage dauern, und Sie werden in dieser Zeit in anderen Lebensbereichen etwas eingeschränkt sein: Beginnen Sie also mit dieser Übung zu einem geeigneten Zeitpunkt, nicht gerade vor einem wichtigen Vorstellungsgespräch oder einer entscheidenden Prüfung.

Planen Sie genügend Zeit ein, um allein zu sein, damit Sie ausreichend Gelegenheit haben, sich selbst zu widmen. Alltägliche Arbeiten wie Einkaufen oder Kochen schaden aber nichts, denn sie zeigen Ihnen, daß – auch wenn das Gefühl noch so intensiv ist – das alltägliche Leben weitergeht.

Suchen Sie schließlich eine Vertrauensperson, die gewillt ist, Ihre Gefühlsbeschreibungen anzuhören und sie zu diskutieren.

Ist der gewählte Zeitpunkt gekommen, müssen Sie etwas unternehmen, um ein Gefühl auszulösen: Sehen Sie sich einen traurigen Film an, gehen Sie in ein Konzert oder suchen Sie die Einsamkeit in der Natur. Zu Beginn brauchen Sie vielleicht mehrere Versuche.

Sobald Sie ein Gefühl spüren, heißen Sie es willkommen. Versuchen Sie dieses und alle weiteren Gefühle bewußt zuzulassen. Definieren Sie Ihr Gefühl: Ist es eines der Grundgefühle? Ist es eine Kombination davon? Versuchen Sie zu spüren, wo sich das Gefühl in Ihrem Körper bemerkbar macht. Unternehmen Sie nichts dagegen: Lassen Sie sich führen und schauen Sie, wo Sie hinkommen.

Lesen Sie nun weiter im Text. Sie haben damit ein konkretes Beispiel, an dem Sie den Umgang mit Gefühlen üben können.

Wie gehe ich mit einem Gefühl um?

Sie wissen jetzt, wie es ist, wenn man einem Gefühl freien Lauf läßt. Wie gehen Sie damit um? Sie müssen ja die im Gefühl enthaltenen Mitteilungen wahrnehmen, ohne dabei derart in deren Bann zu geraten, daß Sie handlungsunfähig werden. Ich möchte Ihnen deshalb folgende Tricks und Tips im Umgang mit Gefühlen geben:
Symptombekämpfung: Wie geschildert, werden Sie bei Ihren ersten Versuchen, die Gefühle freizulassen, eine turbulente Phase durchmachen. Geraten Sie in dieser Zeit zu stark in deren Bann, ist es nützlich, zwischendurch etwas Distanz von den Gefühlen zu bekommen, damit Sie überhaupt mit ihnen arbeiten können. Deshalb beschreibe ich vorerst einige Techniken zur kurzfristigen Bekämpfung der Auswirkungen der Gefühle. Beachten Sie, daß die Gefühle dabei auf die Dauer nicht verschwinden, das wollen Sie ja auch nicht (hoffe ich), sondern es geht lediglich darum, Ihnen etwas Erholung zu verschaffen. Lassen Sie sich also durch diese Techniken nicht täuschen, das Problem ist nicht gelöst, nur weil das Gefühl sich vorübergehend nicht bemerkbar macht.
- **Atmung:** Wenn wir ein Gefühl intensiv spüren, ist unsere Atmung meist nicht mehr regelmäßig. Spüren wir Wut, atmen wir mehr aus als ein, bei Trauer ist es gerade umgekehrt und bei Angstgefühlen atmen wir in der Regel zuviel. Durch bewußtes, regelmäßiges Atmen können Sie sich entspannen und das Gefühl vorübergehend loslassen.
- **Belohnung:** Machen Sie sich selbst eine Freude oder tun Sie etwas Gutes für sich: Gehen Sie ins Kino, kaufen Sie sich ein Kleid oder eine CD oder gehen Sie Essen. Indem Sie Ihre Gefühle zulassen, machen Sie ja etwas Vorbildliches – Sie haben also auch eine Belohnung verdient.

- **Körperliche Betätigung:** Körperliche Betätigung ist ein guter Weg, um etwas Distanz zu bekommen. Sie fühlen sich stärker und können sich besser Ihren Gefühlen und den damit verbundenen Problemen widmen. Oft ist körperliche Bewegung auch mit einem Glücksgefühl verbunden, etwas Gutes für seinen Körper getan zu haben. Gehen Sie also joggen, schwimmen, spazieren oder was Ihnen sonst gerade behagt.
- **Musik:** Musik beeinflußt die Gefühle sehr stark. Experimentieren Sie mit verschiedenen Musikrichtungen und beobachten Sie die Wirkung auf Ihre Gefühle. Schauen Sie, daß Sie beruhigende Musik bei Bedarf auch verfügbar haben.

Techniken für den Umgang mit Gefühlen

- **Gefühle akzeptieren:** Es kostet Kraft, ein Gefühl fernzuhalten; Energie, die viel besser dazu verwendet wird, etwas aus dem Gefühl zu machen. Werden Gefühle leicht von Ihnen aufgenommen, müssen sie sich auch weniger heftig bemerkbar machen. Stehen Sie also dazu, daß Sie wütend, traurig, ängstlich oder glücklich sind. Sie werden dabei erleben, wie alle Gefühle früher oder später wieder verschwinden. Dies mag im Moment ein kleiner Trost sein, aber mit der Zeit werden Sie etwas Übung haben und wissen, daß das Leben weitergeht.
- **Gefühle ausdrücken:** Gefühle werden schneller verarbeitet, wenn sie ausgedrückt werden; ballen Sie also ruhig die Fäuste, weinen Sie, wenn Ihnen danach ist, und unterlassen Sie auch den Freudensprung nicht. Achten Sie aber darauf, nicht Gefühle auszudrücken, um bei anderen eine Reaktion hervorzurufen; weinen Sie also nicht, um Mitleid zu erregen, oder werden Sie

nicht wütend, damit die Kinder gehorchen. Dies sind keine echten Gefühle – auch wenn es so aussehen mag –, sondern »Druckmittel«, die sogar verhindern können, daß die richtigen Gefühle bemerkt werden.

Am besten ist es natürlich, dann die Gefühle auszudrücken, wenn sie auch tatsächlich aufkommen. Es gibt aber eine ganze Reihe von Situationen, wo das nicht geht, weil zum Beispiel die Geschehnisse in der Vergangenheit liegen, die beteiligten Personen vielleicht bereits gestorben sind oder weil Sie den Mut (noch) nicht aufbringen usw. Hier lohnt es sich, im nachhinein die Gefühle auszudrücken. Ein gutes Medium hierzu ist die spirituelle Welt. Ein Beispiel: Eine Zeitlang hatten einige Nachbarn Probleme damit, daß ihre Kinder gerne bei uns spielten, und wollten dem ein Ende setzen. Jedesmal, wenn ich sie anrief, ihre Kinder seien wieder aufgetaucht, mußten die Kinder sofort wieder zurück. Ich hatte gar keine Gelegenheit, die Angelegenheit je richtig zu diskutieren. Ich versuchte deshalb in der spirituellen Welt den Eltern meine Gefühle zu zeigen: Daß ich es meinerseits gerne hatte, wenn sie mit meinem Sohn spielten, und daß ich mich in keinem Fall als Konkurrenz zu ihnen ansähe. Die Haltung der Eltern änderte sich dann schlagartig, und nun ist es kein Problem mehr.

- **Gefühlsenergie einsetzen:** Wie wir gesehen haben, haben Gefühle nicht nur den Zweck, uns etwas mitzuteilen, sondern geben uns oft die nötige Energie, auch etwas zu unternehmen. Lassen Sie diese Energie nicht brachliegen, sondern verwenden Sie sie auch. Sind Sie nervös oder ängstlich wegen eines Vortrags, nutzen Sie die frei werdende Energie, um so gut wie nur möglich zu sein. Diese Energie kann genau den Unterschied zwischen einem mittelmäßigen und einem hervorragenden Vortrag ausmachen.

• **Gefühle loslassen:** Haben Sie ein Gefühl erlebt und durchgestanden, lassen Sie es los, schließen Sie damit ab. Manche Gefühle erweisen sich als recht anhänglich, obwohl die Mitteilung längst begriffen und die Handlung bereits vollzogen sind, bleiben sie und blockieren andere. Sie müssen aber überwunden werden, damit neue erlebt werden können.

Hierzu eignen sich die Techniken des sechsten Kapitels (siehe Seite 112 ff). Zusätzlich ist es meist notwendig, den betreffenden Menschen, die zum Beispiel negative Gefühle ausgelöst haben, zu vergeben. Auch wenn andere Menschen bei Ihnen noch so heftige Reaktionen ausgelöst haben, auch wenn sie sich seither keine Spur geändert haben, schließen Sie den Fall ab. Das Vergeben geht am einfachsten, wenn Sie niemandem die Schuld für das Gefühl zuweisen, sondern anerkennen, daß das Gefühl in Ihnen arbeitet.

Ein Beispiel: Während gemeinsamer Ferien mit meinem Bruder geriet ich in eine heftige Gefühlskrise. In aller Deutlichkeit mußte ich feststellen, wie mein Bruder und ich von meinen Eltern verschieden behandelt wurden, und daß er im Vergleich zu mir finanziell sehr begünstigt wurde. Diese Ungleichheit löste bei mir eine große Wut aus, die allmählich in Trauer überging, weil ich mich doch nun vollständig von meinen Eltern lösen mußte. Während meiner Krise wurde mir jedoch klar, daß ich lieber auf meinen eigenen Füßen stand und stolz auf alles war, was ich selber erarbeitet hatte. In der folgenden Zeit kam die Wut dennoch immer wieder auf, ohne daß sich jedoch weitere Erkenntnisse ergaben. Es war also an der Zeit, diese Gefühle loszulassen und meinen Eltern zu vergeben. Dies ging natürlich nicht von einem Tag auf den nächsten, sondern brauchte eine ganze Weile, und ich erlebte auch häufig Rückschläge, aber es gelang.

Wir haben gesehen, wie die Gefühle erlebt und einige Techniken für deren Umgang gelernt werden. Wie erfahren wir nun die Botschaft, welche die spirituelle Welt uns über die Gefühle mitteilen will?

Was bedeuten die Gefühle für mich?

In gewissen Situationen ist es offensichtlich, was ein Gefühl uns sagen will. Wir begegnen einem gefährlichen Tier, spüren Angst und müssen fliehen. In den meisten Fällen ist dies aber viel weniger klar. Was bedeutet unsere Angst, wenn wir am Morgen ins Auto steigen, um zur Arbeit zu fahren? Ist es, weil Autofahren gefährlich ist, wir den für uns falschen Job verrichten, am falschen Ort wohnen oder Bedenken haben, die Stelle zu verlieren und die Familie nicht mehr ernähren zu können? Eine solche Angst kann also sehr viel verschiedenes bedeuten. Die Interpretation ist von Person zu Person, von Situation zu Situation verschieden. Das heißt, wir müssen für uns selbst herausfinden, wo das Problem liegt und was wir zu dessen Lösung unternehmen müssen. Wir müssen eine Forschungsreise zu uns selbst unternehmen. Hierzu eignen sich spirituelle Reisen vortrefflich.

Ergründen der Gefühle

Treffen Sie die üblichen Vorbereitungen für eine spirituelle Reise. Sie können natürlich so vorgehen wie bisher: Sie fragen Ihren spirituellen Helfer, sehen, wohin er Sie führt, und interpretieren anschließend die Reise.
Sie sind aber in der Zwischenzeit erfahren genug, um etwas direkter vorzugehen: Wiederum kontaktieren Sie Ihren spirituellen Helfer, bitten ihn nun aber, direkt mit

Ihnen in Ihr Gefühl einzusteigen. Spüren Sie hierzu möglichst genau, wo das Gefühl in Ihrem Körper lokalisiert ist.

Ein Beispiel: Angst macht sich oft als »Kloß im Hals« oder »Stein im Magen« bemerkbar. Stellen Sie sich in der spirituellen Welt also vor, Sie würden direkt in diesen Kloß oder Stein eindringen. Bei meinen Reisen sehe ich dann dort meist einen schwarzen Wirbelsturm, in dem die Ursachen (Personen, Bilder von Situationen) herumgewirbelt werden. Bei Ihnen mag das anders sein, aber fast sicher werden Sie dort direkt die Ursachen Ihres Gefühls erfahren. Daraus können Sie dann ableiten, was zu tun ist. Eine solche direkte Reise ist nicht immer sehr angenehm – ich empfinde sie oft wie ein Sprung ins kalte Wasser – dafür bekomme ich sehr schnell eine Antwort.

Direkte Reisen sind oft intensiver als solche, die vom spirituellen Helfer geführt werden. Falls Sie es schaffen, ist es deshalb nützlich, während der Reise Stichworte von dem, was Sie sehen, aufzuschreiben. Halten Sie hierfür Papier und Schreibzeug bereit. Öffnen Sie Ihre Augen aber nicht während des Schreibens – sonst verlassen Sie die spirituelle Welt. Was Sie so schreiben, wird zwar kaum schön aussehen, aber sicher als Gedankenstütze für spätere Analysen genügen.

Wie geht es weiter?

Haben Sie einmal damit begonnen, wird die Arbeit mit den Gefühlen nie enden. Sie werden viele Krisen durchmachen, aber mit der Zeit lernen, auf subtile Gefühle zu achten, so daß Sie nicht mehr gleichermaßen von den Gefühlen in Beschlag genommen werden. Dadurch werden Sie aber alles in allem ein offenerer und glücklicherer Mensch – Sie werden zu sich selbst finden und vieles über sich selbst erfahren. Seien Sie also mutig und bleiben Sie bei der Sache.

Sie haben inzwischen gemerkt, daß Schamanismus kein netter, harmloser Zeitvertreib ist, sondern sehr ernsthaft und schwierig sein kann. In diesem Kapitel wurde es vielleicht noch deutlicher. Aber haben Sie es soweit geschafft, liegt das ärgste hinter Ihnen. Nun erhalten Sie hauptsächlich zusätzliche Hilfen, die die schamanische Arbeit unterstützen, beschleunigen und wirkungsvoller gestalten können.

Ich bin nun etwas traurig, daß dieses – mir sehr am Herzen liegende – Kapitel zu Ende ist, aber ich freue mich darauf, das nächste in Angriff zu nehmen. Gleichzeitig habe ich aber auch Angst: Werde ich es schaffen, allen Anforderungen zu genügen, den Schamanismus so zu erklären, daß Sie spüren, was ich sagen möchte?

8 Schamanische Zeremonien

Dieses Kapitel beschäftigt sich mit Sinn und Gehalt schamanischer Zeremonien, ihren Hilfsmitteln und ihren Ritualen.
Ein Beispiel für eine solche Zeremonie ist der bei vielen Naturvölkern verschiedener Kontinente weit verbreitete Regentanz.

Der Regentanz

In der Region hatte es schon lange nicht mehr geregnet. Die Ernte schien ernsthaft bedroht. Als Abhilfe hatte der Dorfschamane versprochen, heute eine Regenzeremonie durchzuführen. Die Dorfbewohner waren überzeugt, dies würde helfen, denn er hatte schon mehrmals Erfolg gehabt damit. Entsprechend warteten jetzt alle gespannt auf sein Erscheinen. Bald ertönten Trommelschläge, und alle wußten, die Zeremonie würde gleich beginnen. Bald darauf erblickte die Menschenmenge tatsächlich den Schamanen und seinen Gehilfen. Beide trugen eindrucksvolle Roben: Sie hatten sich unzählige farbige Steine und Federn umgehängt, und ihre Gesichter waren mit allerlei Symbolen bemalt.
Viele Dorfbewohner erkannten diese Zeichen; es waren

die Symbole für Wolken, Regen, Wasser und keimende Pflanzen.

Der Schamane und sein Gehilfe begaben sich in die Mitte des Dorfplatzes, wo die beiden zuvor bereits einen Kreis mit verschieden gefärbten Steinen aufgestellt hatten. Dort angekommen, trommelte der Schamane abrupt viel schneller, während sein Gehilfe so heftig rasselte, wie es ihm möglich war. Beide tanzten und sangen und schienen dabei in Ekstase zu geraten.

Einige Dorfbewohner folgten dem Tanz, keiner betrat jedoch den Steinkreis, der für Normalsterbliche tabu war. Nur wenige verstanden die Wörter des Gesanges, alle wußten jedoch, daß damit Wassergeister gerufen wurden.

Nach einer halben Stunde änderte der Schamane den Rhythmus des Trommelns und legte dann eine Pause ein. Die Zeremonie als solche würde aber noch lange, vielleicht bis tief in die Nacht hinein dauern. Das würde der Schamane bestimmen müssen. Jemand aber hatte bereits eine kleine Wolke am Himmel entdeckt . . .

Ein weiteres Beispiel einer Zeremonie:

Der Morgengruß

Jeden Morgen nach dem Aufstehen geht Sabine zuerst in die Mitte ihrer Stube. Sie schaut nach vorne und sagt: »Laß Liebe mir vorangehen.« Anschließend wird sie sich allem hinter sich bewußt und bittet: »Laß Liebe mir folgen.« Sie blickt nach links und rechts und bekundet: »Laß Liebe mir beistehen.« Schließlich schaut sie nach oben und unten und spricht: »Laß Liebe über mir sein« und »Laß Liebe unter mir sein«.

Erst wenn dieser »Morgengruß« beendet ist, beginnt Sabine ihren Tag.

Was bezwecken Zeremonien?

Sowohl der Regentanz als auch der Morgengruß sind
Beispiele für Zeremonien oder Rituale. Für viele sind sol-
che Zeremonien der Inbegriff des Schamanismus, für
Schamanen sind sie jedoch nichts weiter als Hilfsmittel.
Unter Zeremonien und Ritualen (für unsere Zwecke sind
diese Begriffe gleichbedeutend) verstehen sie konkrete
Abfolgen von Handlungen mit spiritueller Bedeutung. In
diesem Sinne erfüllen Zeremonien folgende Zwecke:

- **Erleichterung des Eintritts in die spirituelle Welt:** Der
  Kontakt mit der spirituellen Welt ist der Inbegriff des
  Schamanismus. Es ist deshalb naheliegend, daß der
  Schamane Möglichkeiten sucht, diesen Eintritt zu ver-
  einfachen. Zeremonien sind ein sehr gutes Hilfsmittel
  hierzu.
- **Einfacheres und zielgerichteteres Reisen in der spirituellen Welt:** Befinden sich Schamanen in der spirituellen Welt, erleichtern Zeremonien das Erreichen von
  Zielen, indem sie die Fokussierung von Energie fördern.
  Zeremonien helfen insbesondere, die Aufmerksamkeit
  mehrerer Beteiligter auf ein einziges Ziel zu richten.
  Damit können größere Projekte, welche die Möglichkeiten eines einzelnen übersteigen, angegangen werden.
- **Unterstützung von Veränderungsprozessen:** Wie wir
  bereits gesehen haben, ist die Überwindung von Altem, um Neues zu erlangen, von entscheidender Bedeutung. So finden Zeremonien bei neuen Lebensab-
  schnitten (Geburt, Pubertät, Heirat oder Tod), der Übernahme neuer Funktionen (Abschluß der Lehrzeit) oder
  bei persönlichen Überwindungs- oder Loslösungs-
  anliegen (Erwartungen, Bekanntschaften, materielle
  Güter, vgl. Kapitel »Altes überwinden – Neues erleben«) statt.

- **Ehrung der spirituellen Welt:** Zeremonien geben schließlich dem Schamanen die Möglichkeit, der spirituellen Welt etwas von der Fülle, die er ständig erhält, in Form von Respekt und Ehrerbietung zurückzugeben. Die spirituelle Welt schätzt diese Anerkennung.
Auch Sie haben sicher mittlerweile schon häufiger von den Ratschlägen, Erkenntnissen oder Ideen Ihres spirituellen Helfers profitiert. Mit Zeremonien können Sie ihm Ihren Dank aussprechen.

Bei so vielen Vorteilen fragen Sie sich vielleicht, wieso ich erst jetzt diese Hilfsmittel erwähne. Dies hat zwei Gründe: Erstens sind Zeremonien sehr wirkungsvoll. Würden Sie gleich zu Beginn damit arbeiten, bestünde das Risiko, zu schnell und zu weit in die spirituelle Welt vorzudringen und sich darin zu verirren. Zweitens wird mit Zeremonien sehr viel Unfug getrieben: Es werden ganze Pakete verkauft, mit denen angeblich alles mögliche erreicht werden kann, wenn man sich nur auf eine bestimmte Art hinsetzt, einen vordefinierten Spruch aufsagt oder eine handelsübliche Duftessenz in der Duftlampe verdampfen läßt. Solche Zeremonien mögen alle gut und nützlich sein und sicher für einen Schamanen auch anwendbar, oft wird dabei aber der Kontakt, die Kommunikation mit der spirituellen Welt außer acht gelassen, womit die Zeremonie allesbestimmend wird. Das heißt, die Anwender müssen das Ritual buchstabengetreu durchführen. So kann der Entwickler der Zeremonie Elemente einbauen, die unter Umständen nicht im Interesse des Anwenders sind, zum Beispiel, daß die Zeremonie zu Abhängigkeit führt, ähnlich wie beim Drogenkonsum. Mein Anliegen war also, daß Sie erst die spirituelle Welt kennenlernen, bevor Sie diese mächtigen Hilfsmittel anwenden. Zeremonien unterstützen lediglich Ihre bereits bestehenden Fähigkeiten.

Lassen Sie sich nie vorschreiben, wie Sie eine Zeremonie durchführen müssen. Sie und Ihre Empfindungen sind wichtig; ist Ihnen bei einer Zeremonie nicht wohl, führen Sie sie nicht durch.

Es gibt verschiedene Hilfsmittel, die Ihnen erlauben, eigene Zeremonien zusammenzustellen.

Zeremonielle Hilfsmittel

Die nachfolgende Liste zählt die bedeutendsten zeremoniellen Hilfsmittel auf. Alle Methoden sind sehr alt und werden weltweit von Schamanen eingesetzt. Sie funktionieren erwiesenermaßen bei sehr vielen Leuten. Das heißt aber nicht, daß alle Methoden auch für Sie richtig sind. Spielen und experimentieren Sie, bis Sie das richtige für sich selbst gefunden haben. Die meisten Hilfsmittel können auf einfache Art selbst gebastelt werden, so daß keine großen Kosten anfallen dürften. Beachten Sie auch, daß sich im Laufe der Zeit Ihre Präferenzen ändern werden. Gehen Sie also auch in Zukunft ab und zu diese Liste durch und schauen Sie, ob Ihnen nicht mittlerweile andere Methoden besser zusagen.

- **Rasseln** werden traditionellerweise aus getrockneten, mit Steinen, Samen oder Kristallen gefüllten Kürbisschalen hergestellt. Heutzutage sind sie fast in jedem Esoterik- oder Dritte-Welt-Laden käuflich. Um herauszufinden, ob Rasseln Ihnen sympathisch sind, können Sie probeweise, bevor Sie welche kaufen, eine Konservenbüchse, eine kleine Holz- oder Kartonschachtel, eine Vorratsdose oder eine leere Getränkeflasche mit Steinen oder getrockneten Bohnen füllen.

Rasseln entspannen und schaffen eine erwartungsvolle Stimmung, wodurch der Einstieg in die spirituelle Welt erleichtert wird.

- **Trommeln** sind die wahren »Pferde« der Schamanen und die von ihnen am häufigsten benutzte Methode, um in die spirituelle Welt zu gelangen. Mit der Trommel werden Konzentration und Entschlossenheit erhöht, und sie erlaubt dem Schamanen, seine Energie vollständig auf seine Reise zu richten. Bei den meisten Leuten funktionieren Geschwindigkeiten von 3 bis 7 Schlägen pro Sekunde und tiefe Töne (= große Trommeln) am besten; Sie müssen aber verschiedene Schlagfrequenzen und Höhenlagen für sich selbst ausprobieren, das Optimum liegt bei jedem in anderen Bereichen.

Trommeln können Sie in Musikgeschäften oder in Esoterikgeschäften erwerben. Lassen Sie sich genügend Zeit, um genau die richtige zu finden. Als billigere Alternative können Sie auch mit einem Stock auf eine Blechbüchse, einen Stuhl oder auf einen festen Karton schlagen.

Erfahrungsgemäß ist es nützlich, das Trommeln auf Tonband aufzunehmen oder eine entsprechende Kassette zu kaufen, statt selber zu trommeln. Außerdem stören Sie, falls Sie Kopfhörer verwenden, Ihre Nachbarn und Mitbewohner nicht. Kopfhörer haben allerdings den Nachteil, daß nicht der ganze Körper »mithört«, und Sie dadurch die Vibrationen der tiefen Frequenzen weniger gut wahrnehmen.

Markieren Sie den Beginn und das Ende Ihrer Zeremonie mit einem anderen Trommelrhythmus, zum Beispiel mit einigen langsamen, kräftigen Schlägen. Damit stellen Sie klare Grenzen zwischen der physikalischen und der spirituellen Welt her.

Trommeln ist auch ein schöner Einstieg für ganz normale Aktivitäten, denen Sie eine spirituelle Bedeutung geben wollen: Trommle ich für etwa 20 Minuten unmittelbar vor dem Joggen, habe ich viel weniger Mühe,

155

bergauf zu laufen, und ich fühle mich gleichzeitig mehr mit der Natur verbunden.

- **Kraftlieder** oder -melodien erleichtern den Eintritt in die spirituelle Welt. Meist verwenden Schamanen die traditionellen Lieder ihrer Kultur und haben zugleich persönliche Kraftlieder. In Europa ist die schamanische Liedtradition ausgestorben, obwohl sicher einige Melodien in alten Volksliedern weiterleben. Die Übernahme von Liedern aus anderen Kulturen empfehle ich nicht, da wir zuwenig wissen, was diese Schamanen damit genau bezwecken. Entspricht der Zweck des Liedes nicht Ihren eigenen Zielen, nützt es Ihnen unter Umständen nichts.

Hingegen möchte ich Sie anregen, ein persönliches Kraftlied zu suchen und zu verwenden. Unternehmen Sie hierzu eine spirituelle Reise und bitten Sie Ihren spirituellen Helfer, Sie zu Ihrem Kraftlied zu führen. Meist wird Ihnen dabei spontan eine Melodie durch den Kopf gehen. Dies ist dann eines Ihrer Kraftlieder. Seien Sie offen für irgendwelche Melodien, auch wenn sie von einem modernen Popstar stammen und auf den ersten Blick keine schamanische Bedeutung haben.

Die Melodie, die ich auf diese Art erhielt, kannte ich vorerst gar nicht, und erst viel später entdeckte ich, daß es sich um ein altes Schweizer Volkslied handelte.

- **Federn** werden von Schamanen als Symbol für den Flug in die spirituelle Welt verwendet. Sie schmücken deshalb Trommeln, Masken, Rasseln mit Federn von Vögeln, deren Geister ihnen in irgendeiner Weise nahestehen. Sofern Sie an Federn interessiert sind, werden Sie schnell feststellen, daß Sie überall welche finden. Betrachten Sie diese Federn als ein Geschenk der spirituellen Welt.

- **Masken** verbergen ihren Träger, er wird nicht mehr erkannt und kann so sein, wie er möchte. Er wird befreit;

ist also frei, in die andere Welt einzutreten. Masken unterstützen ferner schamanische Formveränderungen, indem die gewünschte Form bereits kenntlich gemacht wird. Vergleichen Sie das Kapitel »Schamanische Werkzeuge: Zeit und Form«. Schließlich verdeutlichen Masken das besondere einer Zeremonie.

Einfache Masken können Sie leicht selber basteln: Bemalen Sie ein Stück Papier und befestigen Sie ein Elastikband daran oder bringen Sie an einem aufgeblasenen Ballon Papiermaché an.

● **Stäbe** symbolisieren Verbindungen zwischen der alltäglichen und der spirituellen Welt. Sie verleihen dem Schamanen Autorität und helfen ihm, sich klar auszudrücken. Der Stab des Dirigenten eines Orchesters oder eines Vortragenden ist ein Relikt des schamanischen Stabes. Bei einigen Indianerstämmen gibt es den sogenannten Sprechstab. Es darf jeweils nur derjenige sprechen, der gerade den Stab in der Hand hält (wie nützlich wäre das auch bei uns …).

Die verbindende Wirkung des Stabes fördert die Kraftübertragung von der spirituellen in die alltägliche Welt: Ich verwende oft einen leichten Bambusstecken beim Joggen oder bei Bergtouren. Dieser Stab hilft mir, Energie aus der spirituellen Welt aufzunehmen, und ich komme so viel besser voran. Die optimale Länge eines solchen Stabes ist unterschiedlich. Experimentieren Sie mit einer ausziehbaren Antenne, bis Sie die richtige Länge oder Längen gefunden haben. Mein Stab hat beispielsweise eine Länge von 127 cm.

● **Kerzen** dienen hauptsächlich dem Kontakt mit Feuergeistern. Da sie der Konzentration sehr förderlich sind, können sie auch den allgemeinen Eintritt in die spirituelle Welt unterstützen. Dies ist auch der ursprüngliche Grund, wieso in Kirchen und an Weihnachten Kerzen angezündet werden.

- **Kristalle** werden von Schamanen als Energieverstärker verwendet und zur Förderung gedanklicher Klarheit. Schamanen legen beispielsweise während Visionen bestimmte Kristalle auf ihre Stirn, kommen so auf ihren Reisen viel weiter und können sich dabei besser konzentrieren. Lassen Sie sich beim Kauf eines Kristalls genügend Zeit; berühren Sie einige verschiedene Steine, bevor Sie sich entscheiden. Lassen Sie sich keinesfalls durch den Verkäufer beeinflussen: Der schönste und teuerste Kristall ist nicht unbedingt der richtige.

  Da Kristalle gute Energieträger sind und Sie nicht wissen, was mit Ihrem Kristall schon alles passiert ist, empfehle ich, den Kristall nach dem Kauf spirituell zu reinigen. Hierzu können Sie ihn über Nacht in Salzwasser einlegen oder einige Zeit ins Gefrierfach legen.

  Manchmal ist der Kauf eines Kristalls gar nicht nötig, denn wenn die spirituelle Welt Ihr Bedürfnis nach einem Kristall feststellt, wird sie Ihnen einen zuspielen: Als in mir der Wunsch aufkam, einen Kristall zu besitzen, fand ich etwa einen Monat später in einem Bergbach einen kleinen Kristall, den ich seither immer bei mir habe.

- **Kraftobjekte** sind nicht nur Federn oder Kristalle, sondern Sie können beliebige Objekte als Kraftobjekte verwenden. Hierzu möchte ich die natürlichen Helfer (die Elemente Wasser, Feuer, Erde, Luft und Tiere, Pflanzen und Steine) erwähnen. Sie erinnern sich hierzu sicher an das Kapitel »Die natürlichen Helfer«: Der Zweck des Kraftobjektes steht am besten mit den Eigenschaften dieses Objektes in einem Zusammenhang. Wollen Sie Härte, suchen Sie sich ein Stück Granit und tragen es bei sich, wollen Sie Flexibilität, verwenden Sie in Ihrer Zeremonie Wasser oder Ton.

- **Kraftorte** gibt es in der Landschaft unzählige, und es sind Orte, die sich besonders gut eignen, um in die spirituelle Welt einzutreten. Ihre Bedeutung ist derart groß, daß das ganze nächste Kapitel diesem Thema gewidmet ist.

Hier sei nur kurz angedeutet, wie Sie einen eigenen speziellen Ort gründen können: Fragen Sie während einer Vision Ihren spirituellen Helfer nach einer geeigneten Stelle. Oft befinden sich solche Stellen in der Natur, dies ist aber keinesfalls Bedingung. Viele Schamanen, besonders solche, welche in städtischer Umgebung wohnen, haben bei sich zu Hause eine besondere Stelle eingerichtet. Haben Sie einen Ort gefunden, kennzeichnen Sie ihn auf eine spezielle Weise: Legen Sie beispielsweise Steine, Federn oder Tannenzapfen kreisförmig um die Stelle herum. In der Mitte des Kreises können Sie ebenfalls einen Stein oder eine Feder legen oder dort ein Feuer entfachen. Als weitere Möglichkeit können Sie an Ihrem Ort einige Kerzen anzünden, während Sie sich dort aufhalten.

Je mehr Sie diesen Ort für spirituelle Arbeiten verwenden, desto mehr wird er auf Sie eingestimmt und Ihre schamanischen Reisen unterstützen.

● **Düfte** lösen bei vielen Menschen Reaktionen aus und sind deshalb interessante Ergänzungen bei Zeremonien: Lavendel, Baldrian, Neroli oder Geranie wirken beispielsweise beruhigend, Rosmarin, Zitrone, Edellorbeer oder Thymian dagegen anregend. Bitte verwenden Sie nach Möglichkeit naturreine Aromaöle. Im Buchhandel finden Sie außerdem ein breites Spektrum an höchst interessanten Titeln über Aroma-Therapie. Aber auch frisch gepflückte Blumen oder feuchte Erde können interessante Düfte erzeugen. Experimentieren Sie mit verschiedenen Düften und beobachten Sie die Wirkung.

● **Rauch** wird dank seiner spirituell reinigenden Wirkung von vielen Schamanen sehr geschätzt. Häufig wird der Rauch von bestimmten Kräutern wie Salbei und Lavendel oder ausgewählten Bäumen wie Zeder oder Lärche verwendet. Die getrockneten Kräuter oder Ästchen werden in einem feuerfesten Gefäß angezündet, kurze Zeit brennen gelassen und anschließend mit einem Deckel gelöscht. Wird der Deckel wieder entfernt, entsteht eine Rauchentwicklung. Falls Sie Ihre Wohnung auf diese Art reinigen wollen, öffnen Sie die Fenster, damit der Rauch entweichen und die spirituelle Verunreinigung mitziehen kann.

- **Symbole** schmücken oft schamanische Trommeln, Rasseln oder Kleider. Sie sollen die spirituellen Reisen der Schamanen unterstützen. Meist werden symbolische Darstellungen von Krafttieren oder natürlichen Elementen verwendet. Häufig kommen auch abstrakte Symbole wie Spiralen oder Kreise vor. Die Farbe des Symbols hat eine große Bedeutung: Weiß wird mit Spiritualität, Gelb mit Verstandeskraft oder Rot mit Liebe in Verbindung gebracht. Achten Sie aber nicht nur auf die Interpretationen anderer Leute. Die Bedeutung eines Symbols oder einer Farbe ist individuell verschieden. Hören Sie auf Ihre Gefühle; was Sie als richtig empfinden, ist es auch. Haben Sie dennoch Zweifel, fragen Sie Ihren spirituellen Helfer.
- **Tanzen** als körperliche Bewegung, besonders in Verbindung mit Musik oder Trommelschlägen, setzt Gefühle frei. Damit wird Harmonie zwischen der alltäglichen und der spirituellen Welt hergestellt. Werden die Bewegungen ständig wiederholt, öffnet sich sehr leicht eine Tür in die spirituelle Welt. Beim schamanischen Tanzen müssen Sie nicht auf bestimmte Schritte achten. Lassen Sie sich gehen und machen Sie genau diejenigen Bewegungen, nach denen Ihnen im Moment zumute ist. Zu Beginn tanzen Sie am besten allein, dann sind Sie am wenigsten eingeschränkt.

● **Taschen** sind praktisch für jene Gegenstände, die sich mit der Zeit bei Ihnen ansammeln werden und die Sie bei schamanischen Arbeiten bei sich tragen. Viele Schamanen stellen zu diesem Zweck eine spezielle, mit bedeutsamen Zeichnungen dekorierte Tasche her, andere – und zu dieser Kategorie gehöre ich – wollen ungestört arbeiten können, nicht auffallen und verwenden hierzu einen schlichten kleinen Rucksack.

Einige Regeln für die Gestaltung der eigenen Zeremonie

Die meisten traditionellen Zeremonien sind sehr komplex und bestehen aus einer Vielzahl genau definierter Handlungen. Schamanen müssen meist jahrelang lernen, bis sie eine Zeremonie gemeistert haben. So ist es heutzutage auch selten, daß ein Schamane sämtliche Zeremonien seiner Kultur kennt, vielmehr spezialisiert er sich auf ein paar wenige: Bei gewissen Indianerstämmen gibt es buchstäblich Hunderte von Heilzeremonien, die mehrere Stunden bis Tage dauern; ein moderner Medizinmann beherrscht aber meist nur ein paar wenige davon. Für uns Europäer hat es wenig Sinn, traditionelle Zeremonien zu lernen: Das Ziel dieser Zeremonien entspricht nicht unbedingt unseren modernen Bedürfnissen, auch haben wir kaum Zeit, uns jahrelang einer besonderen Zeremonie zu widmen. Statt dessen möchte ich Ihnen zeigen, wie Sie selbst eigene, speziell auf Ihre individuellen Bedürfnisse zugeschnittene Zeremonien entwickeln können.

Grundsätzlich unterscheiden Schamanen zwischen geplanten und spontanen Zeremonien. Geplante Zeremonien sind solche, die im voraus für einen bestimmten Zweck entwickelt wurden. *Geplante Zeremonien* sind meist unumgänglich, wenn andere Leute – ob Zuschauer oder Mitwirkende – beteiligt sind oder wenn die Erreichung eines bestimmten Zieles sehr hohe Bedeutung hat. *Spontane Zeremonien* hingegen sind eher dann angebracht, wenn der Schamane für sich allein den Kontakt zur spirituellen Welt herstellen will. Wie der Name sagt, macht der Schamane in der spontanen Zeremonie immer genau das, was er für richtig hält, und läßt sich vollständig gehen.

Die meisten Schamanen aber sind sich einig, daß sich folgende Regeln günstig auf Zeremonien auswirken:

- Eine Zeremonie muß **speziell** sein, das heißt, sie muß sich klar vom übrigen Leben abheben. Sie braucht also einen deutlichen Anfang und ein klares Ende, sollte an einem speziellen Ort mit eigens dazu ausgewählten Objekten durchgeführt werden, und die Beteiligten sollten besondere Kleidung tragen.

- Eine Zeremonie sollte möglichst viele **Sinnesorgane** ansprechen: die Augen mit Farben, das Gehör mit Trommelschlägen oder Gesang, die Nase mit Düften, der Geschmack mit Speise oder Trank und der Tastsinn, indem sich die Teilnehmer beispielsweise bei der Hand halten.

- Eine Zeremonie ist am wirkungsvollsten, wenn alle Beteiligten den **Ablauf** und Ausgang genau kennen. Müssen die Beteiligten während der Zeremonie die Schritte eines Tanzes oder die Worte eines Liedes erst erlernen, dann konzentrieren sie sich voraussichtlich viel mehr darauf als auf die spirituellen Aspekte der Zeremonie.

Trotz dieser Regeln wirken schamanische Zeremonien oft auf den ersten Blick langweilig. Da wird die längste Zeit im selben Tempo getrommelt und dazu werden immerfort die gleichen Schritte getanzt. Aber es ist genau dieses stereotype Verhalten, das die Türen der spirituellen Welt öffnet.

Bei der Planung einer Zeremonie gehen Sie am besten nach folgenden Schritten vor:

- Definieren Sie das **Ziel**, das Sie erreichen wollen.
- Bestimmen Sie die **Hilfsmittel**, die dazu dienen können, das Ziel zu erreichen. Sind Sie dessen nicht sicher, nehmen Sie das Hilfsmittel, das Ihnen am sympathischsten ist, oder fragen Sie Ihren spirituellen Helfer. Probieren Sie etwas aus, und wenn es nicht klappt, versuchen Sie einfach etwas anderes. Hier ist Experimentierfreudigkeit gefragt.
- Merken Sie sich die exakte, selbstbestimmte **Abfolge** der Handlungen und üben Sie Ihre Zeremonie, bis Sie sie vollkommen beherrschen: Während der Zeremonie dürfen Sie nicht an die Handlungen denken, die Sie konkret durchführen, sondern Sie müssen sich dann vollständig auf Ihr Ziel konzentrieren können.
- Führen Sie Ihre Zeremonie öfters durch; haben Sie Erfolg, können Sie sie jahrelang **wiederholen**. Zeremonien werden oft immer besser, je häufiger sie durchgespielt werden.

Anhand einiger – nach den erwähnten grundlegenden Schritten (Eintritt in die spirituelle Welt, Fokussierung, Veränderungen einleiten, Ehrung der spirituellen Welt) geordneten – Beispiele möchte ich nun zeigen, wie selbst »komponierte« Zeremonien aussehen können.

Verwendung von Zeremonien

1. Eintritt in die spirituelle Welt: Der »Vision Quest«

Der Begriff »Vision Quest« stammt von nordamerikanischen Indianern. Um bedeutende Visionen zu erhalten,

reinigen sich indianische Schamanen in einer Schwitz-
hütte und gehen anschließend vier Tage an ihren persönlichen Kraftort. Dort essen und trinken sie kaum etwas, trommeln oder rasseln ab und zu, treten mehrmals
für längere Zeiten in die spirituelle Welt ein und hoffen
auf eine Vision, die ihnen eine für sie herausragende
Erkenntnis bringt. Der »Vision Quest« hat zum Ziel, den
Schamanen wesentlich weiter in die spirituelle Welt zu
bringen als eine normale schamanische Reise.

Noch einmal sei betont, daß die Reaktion der physikalischen Welt auf den Einfluß der spirituellen meist langsam
geschieht. Es ist daher wichtig, in der physikalischen
Welt nicht untätig zu sein, sondern – mit Augenmerk auf
das jeweilige Ziel – die notwendigen Aktionen durchzuführen. Die spirituelle Welt gibt Ihnen entscheidende
Hinweise, die Sie zu wichtigen Erkenntnissen führen,
und die Energie, entsprechend zu handeln.

Die Techniken der Indianer müssen wir natürlich unse-
ren modernen europäischen Verhältnissen anpassen.
Nachfolgend ein Vorschlag für Art und Reihenfolge der
Techniken und Handlungen:

- Definieren Sie den *Grund der Vision*. Bei einem »Vision
  Quest« soll es sich um eine grundlegende und wichtige Frage handeln: Welche Richtung wollen Sie im
  Leben einschlagen? Wollen Sie bei diesem Partner bleiben? Wollen Sie Ihre Stelle verlassen und eine neue
  Ausbildung beginnen? Der Wichtigkeit der Frage entsprechend dürfen Sie auch mehr Zeit als bei Ihren bisherigen Reisen hierfür aufwenden. Vier Tage empfehle
  ich zu diesem Zeitpunkt zwar noch nicht, aber Sie haben inzwischen genug Erfahrung, um einige Stunden
  auszuhalten. Als Alternative können Sie auch mehrere
  kürzere Reisen hintereinander unternehmen.
- Ersetzen Sie eine bis zwei Mahlzeiten durch *Fasten, reinigen* Sie sich mit einem Bad oder einer Dusche,

164

schmücken Sie Ihre *Kleidung* auf eine spezielle Art, zum Beispiel mit Federn oder Steinen, und begeben Sie sich an Ihren persönlichen *Kraftort*. Legen Sie Wert darauf, während des »Vision Quest« vollkommen ungestört zu sein.

- *Entspannen* Sie sich und beginnen Sie zu *trommeln* (rasseln, singen), oder hören Sie sich eine entsprechende Kassette an.
- Sobald Sie in der spirituellen Welt sind, bitten Sie Ihren *Helfer,* Ihnen bei der Visionssuche behilflich zu sein. Erklären Sie ihm, daß Sie eine grundlegende Frage klären wollen und deshalb etwas länger in der spirituellen Welt bleiben wollen.
- Signalisieren Sie das *Ende* des »Vision Quest« mit einem anderen Trommel- (Sing-, Rassel-) rhythmus.
- Werden Sie sich Ihrer *physikalischen Existenz* bewußt, indem Sie den Kopf auf den Boden legen und die Erde spüren und riechen, einige Freiübungen machen und dann etwas essen.
- *Analysieren* Sie Ihre spirituelle Reise in bezug auf Ihre Fragestellung.

2. Fokussierung: Eine Zeremonie für mehrere Teilnehmer

Für größere Projekte ist es nützlich, wenn mehrere Menschen zusammenarbeiten. Vielleicht möchten Sie in Ihrer Gemeinde ein Schwimmbad oder einen neuen Spielplatz realisieren. Solche Projekte übersteigen meist die Kräfte eines einzelnen. Wird jedoch die spirituelle Energie einer Gruppe auf das Ziel fokussiert, so bestehen wesentlich größere Chancen, es auch zu erreichen.

Folgende Zeremonie zeigt eine Möglichkeit, wie die spirituelle Energie einer Gruppe fokussiert werden kann:

- Definieren Sie das zu erreichende *Ziel*: Sie möchten zum Beispiel, daß in Ihrer Gemeinde ein neues

Schwimmbad gebaut wird. Definieren Sie Ihre Vorstellungen (Größe, Standort, Liegewiesen usw.) sehr exakt. Alle Teilnehmer der Zeremonie müssen sich das neue Bad gut vorstellen können.

- *Verdunkeln* Sie den Raum, versammeln Sie alle Teilnehmer der Zeremonie in einem Kreis und erläutern Sie die Ziele und den Ablauf der nun folgenden Zeremonie. Verteilen Sie an alle Gruppenmitglieder ein *Kraftobjekt* (Feder, Stein) und zünden Sie in der Mitte des Kreises eine *Kerze* an.
- Bitten Sie die Teilnehmer, auf die Kerze zu schauen, dazu einfache Schritte zu tanzen und einen klaren Satz zu *singen* (zum Beispiel »Wir haben ein neues Schwimmbad in . . .«) und dabei sich stets auf das Ziel zu konzentrieren. Gleichzeitig sollen sich alle Teilnehmer das genau definierte Schwimmbad möglichst realistisch vorstellen. Je mehr die Vorstellungen der Teilnehmer übereinstimmen, desto stärker die Energie.
- *Trommeln* Sie nun während einer halben Stunde, während die Gruppe tanzt, singt und sich dabei das Bad vorstellt.
- Ist die Zeit abgelaufen, wechseln Sie den *Rhythmus* des Trommelns, während alle Teilnehmer zusammen laut »Danke« sagen.
- *Löschen* Sie die Kerze und sammeln Sie alle Gegenstände, die Sie als spirituelle Hilfsmittel verwendet haben, wieder ein.
- *Wiederholen* Sie die Zeremonie mehrmals. Besonders günstige Gelegenheiten sind dann, wenn gerade diesbezügliche Entscheide (Abstimmungen, Gemeinderatssitzungen) zu fällen sind.

Lassen Sie mich an dieser Stelle nochmals daran erinnern: Diese Zeremonie ist nur ein Beispiel, wie so etwas gemacht werden kann. Führen Sie die Zeremonie so durch, daß es Ihnen und Ihrer Gruppe wohl ist. Ansonsten wird die Zeremonie kaum gute Wirkung zeigen. Durch diese Zeremonie allein – wie durch alle anderen spirituellen Tätigkeiten auch – wird Ihr Schwimmbad natürlich nicht entstehen. Es braucht auch Handlungen in der physikalischen Welt: Sie müssen dem Gemeinderat einen Antrag stellen; jemand muß den Kredit genehmigen und muß das Bad auch tatsächlich bauen. Mit einer Zeremonie unterstützen Sie aber den Prozeß mit einem mächtigen Energieschub, womit die Wahrscheinlichkeit, daß das Schwimmbad entsteht, um ein Vielfaches größer wird.

3. Veränderungen einleiten

Bereits im sechsten Kapitel (»Altes überwinden – Neues erleben«) habe ich Methoden geschildert, wie Veränderungen eingeleitet werden können. Einige davon, wie das Verbrennen von Listen, gelten durchaus bereits als Zeremonien. Hier stelle ich eine weitere Möglichkeit vor. Sagen wir – als Beispiel – Sie möchten in Zukunft ein neues, gesünderes Leben führen. Hierzu müssen Sie Ihre alten Gewohnheiten überwinden:

Kaufen Sie sich zwei weiße, bemalbare Kerzen. Auf die erste zeichnen Sie Symbole für die Gewohnheiten, die Sie ablegen möchten: viel Schokolade essen oder zu wenig Bewegung haben, Fast food etc. Auf die zweite zeichnen Sie sich so, wie Sie sich gerne hätten, bzw. Symbole für die jeweilige Tätigkeit: Joggen, Schwimmen oder Obst essen. Legen Sie nun einen großen Steinkreis um beide Kerzen. Setzen Sie sich zu den Kerzen und zünden Sie die erste an. Betrachten Sie diese rund 15 Minuten lang und denken Sie über die Eigenschaften nach, die Sie verändern wollen. Anschließend zünden Sie mit der ersten Kerze die zweite an und löschen die erste. Konzentrieren Sie sich jetzt eine Viertelstunde auf die zweite. Löschen Sie dann auch diese Kerze und verlassen Sie den Steinkreis. Vergraben Sie oder werfen Sie die erste Kerze fort, bewahren Sie die zweite aber noch eine Weile zur Erinnerung auf.

4. Ehrung der spirituellen Welt

Zeremonien dienen auch dazu, die spirituelle Welt anzuerkennen, zu ehren und ihr für die erwiesenen Dienste zu danken. Sie sind eine Möglichkeit, dieser Welt etwas von dem zurückzugeben, was Sie von ihr erhalten. Hier eine Zeremonie, bei der Sie der spirituellen Welt eine Gabe überreichen:

- Wählen Sie ein Objekt, das Sie der spirituellen Welt oder Ihrem Helfer geben möchten. Es braucht nichts besonders Wertvolles zu sein, ein Stein, eine Blume, eine Feder oder etwas Mehl genügen. Es geht nicht um die Gabe als solche, sondern darum, daß Sie daran gedacht haben, die spirituelle Welt zu ehren. Wissen Sie nicht, was Sie geben möchten, unternehmen Sie eine spirituelle Reise und fragen Sie Ihren Helfer, was er gerne hätte. Sie müssen diesbezüglich keine Hemmungen haben; das Geschenk muß keine Überraschung sein.
- Gehen Sie mit Ihrer Gabe an einen speziellen Ort.
- Halten Sie dort Ihre Gabe zuerst nach oben, dann nach unten und anschließend in alle vier Himmelsrichtungen. Singen Sie dazu Ihr Kraftlied und sagen Sie am Ende »Danke für die Hilfe«.
- Legen Sie die Gabe auf den Boden, und verlassen Sie respektvoll den Ort.
- Ist die Gabe nach einigen Tagen immer noch dort, müssen Sie das nicht als Ablehnung empfinden, gleichfalls dürfen Sie nicht überrascht sein, wenn die Gabe tatsächlich entfernt wurde. Manchmal nimmt die spirituelle Welt eine Gabe mit, manchmal nicht.

Auch bei dieser Ehrung handelt es sich nur um eine von vielen Möglichkeiten. Machen Sie wie immer das, was für Sie stimmt.

Das ganze Leben kann eine Zeremonie sein

Ich habe bisher viel davon gesprochen, daß eine Zeremonie etwas Spezielles sei und sich vom übrigen Leben abheben muß. Auch wenn dieser Grundsatz seine Richtigkeit behält, kann trotzdem das ganze Leben als Zeremonie betrachtet werden.

Mit allem, was wir unternehmen, mit jedem Schritt, jeder Handlung können wir feiern, daß es uns gibt und unseren Dank für alles, was wir von der spirituellen Welt empfangen, aussprechen. So wird unser ganzes Leben etwas Besonderes, und wir sind uns der spirituellen Welt ständig bewußt.

Darin liegt die Kunst des Schamanen.

Besinnungspause

Halten wir wieder kurz inne und fragen: Wie funktionieren Ihre Visionen? Haben Sie Glück damit?

Falls Sie zu Beginn zögerten und dieses Buch mehr aus Interesse und nicht mit der Idee, die Techniken selbst anzuwenden, gelesen haben, sind Sie mittlerweile vielleicht trotzdem auf den Geschmack gekommen. Dann wäre jetzt ein guter Zeitpunkt, das dritte Kapitel über den Zugang zur spirituellen Welt nochmals durchzulesen und die dort aufgeführten Techniken zu wiederholen. Ein nochmaliges Durcharbeiten dieses Kapitels ist auch dann empfehlenswert, wenn Ihnen die spirituellen Reisen noch etwas Mühe machen.

Jetzt, da Sie viel mehr über Schamanismus wissen, gelingen Ihnen die dort beschriebenen Methoden unter Garantie besser. Besonders freue ich mich natürlich, falls Ihnen der Kontakt zur spirituellen Welt gelingt.

Gehen wir nun zum nächsten Kapitel. Ich möchte Ihnen nun zeigen, wie Sie Kraftorte finden und mit Ihnen arbeiten können.

9 Hilfe aus der Vergangenheit: Kraftorte

Die Menhire auf dem Causse Méjean

Der Causse Méjean ist eine trockene, von tiefen Schluchten umgebene Kalkhochebene in den Cevennen des französischen Departements Lozère. Bei der Erforschung der zahlreichen Menhire oder Hinkelsteine dieser Ebene stellte ich Merkwürdiges fest:

In der Nähe eines Menhirs unweit von Dirgas wurde ich von einer solch überwältigenden Müdigkeit überfallen, daß ich mich kaum mehr bewegen konnte. Ich fühlte mich schrumpfen und zu einem Fötus zurückentwickeln. Den Menhir empfand ich als Nabelschnur, welcher mich mit der Mutter – für mich in diesem Fall eindeutig die Erde – verband.

Dieser Zustand behagte mir nicht besonders. Ich wollte mich deshalb wieder von diesem Stein entfernen. Dies ging nur mit Mühe, und ich brauchte viel Kraft, um nur einige Meter Distanz zwischen mich und ihn zu bringen. Sobald ich aber etwa zehn Meter Entfernung hatte, verschwand die Müdigkeit abrupt. Ich fühlte mich wieder im Besitz meiner normalen Kräfte.

Immer etwas neugierig, wiederholte ich einige weitere Male Annäherung und Entfernung von diesem Menhir. Tatsächlich, jedesmal wenn ich in seine Nähe kam, spürte ich meine Kraft schwinden, und sobald ich mich löste, fühlte ich mich normal.

Auch andere Menhire der Hochebene hatten Einfluß auf mich. Bei einem Stein überkam mich ein überwältigendes Glücksgefühl: Ich fühlte mich stark, vollkommen und frei von allen Problemen. Aber auch dieses Gefühl verschwand, je weiter ich mich von dem Stein entfernte.

Wie sind diese merkwürdigen Erlebnisse zu deuten? Die Erklärung: Die Menhire auf dem Causse Méjean markieren sogenannte Kraftorte. Aber was sind das?

Was sind Kraftorte?

An zahlreichen Stellen strahlt die Erde eine besondere Kraft aus. An diesen Orten sind die Grenzen zwischen der physikalischen und der spirituellen Welt durchgängig. Diese Stellen sind Kraftorte. Hier ist der Zugang zur spirituellen Welt viel einfacher als anderswo.

Weil an Kraftorten ihre Tätigkeit unterstützt wird, suchen Schamanen solche Orte immer wieder auf. Ihre intensive Tätigkeit verstärkt ihrerseits diese Stellen, gibt ihnen einen eigenen Charakter. Die starken Gefühle, die ich auf dem Causse Méjean erlebte, beruhen auf dem Zusammenspiel zwischen der natürlichen Energie der Erde und den Bemühungen früherer Schamanen.

Schamanen markieren gerne ihre Kraftorte: Druiden pflanzten Eichenhaine, die Schamanen errichteten Menhire, die Anasazi-Indianer bauten runde, unterirdische Kivas, oder die alten Ägypter oder die Mayas von Mexiko stellten ihre Pyramiden an diese Orte. Es gibt kaum eine Kultur ohne solche Bauten.

Ich möchte Ihnen in diesem Kapitel zeigen, wozu Sie Kraftorte nutzen, wie Sie sie finden und mit ihnen arbeiten können.

Wie kann ein Kraftort Ihnen helfen?

Da an Kraftorten die Grenzen zur spirituellen Welt weit offen sind, eignen sich diese Orte hervorragend für spirituelle Reisen oder Visionen. Sie kommen an diesen Orten schneller in die spirituelle Welt und können in dieser viel weiter vordringen als an anderen Stellen.

Dies klingt natürlich vielversprechend. Sie müssen aber wissen, daß die meisten Kraftorte schon seit Tausenden von Jahren von Schamanen aufgesucht und beeinflußt werden. Diese Orte sind also *nicht mehr neutral*, sondern sie sind durch die jeweilige Energie der Schamanen, ihre Ansichten und Arbeit beeinflußt. Mit anderen Worten, sie sind nicht unbedingt geeignet, um ausgewogenen Rat einzuholen. Hingegen können Sie an diesen Orten die Welt aus ganz unterschiedlichen Blickwinkeln erfahren. Oft wurden Kraftorte sogar ganz bewußt beeinflußt, um gerade dies zu ermöglichen.

Werden die anderen Blickwinkel ausgeschlossen, können Sie einen konkreten Aspekt eines Problems viel besser erkennen. Sie können die verschiedenen Nuancen der Farbe Grün also viel besser erkennen, wenn Sie nicht noch durch ein buntes Gemisch anderer Farben abgelenkt werden. Sie müssen sich aber stets bewußt machen, daß es noch andere Farben gibt. Genauso müssen Sie bei Visionen an Kraftorten immer daran denken, daß es noch andere Gesichtspunkte gibt.

Kurz: Kraftorte vereinfachen den spirituellen Kontakt, dafür sind sie oft einseitig. Verwenden Sie deshalb Kraftorte für folgende zwei Zwecke:

- Sie können an Kraftorten die Welt oder ein bestimmtes *Problem* aus einem ganz *besonderen Blickwinkel* betrachten.
- Sie können an Kraftorten den *Kontakt zu früheren Schamanen* aufnehmen oder um ihre Unterstützung

bitten. Zuvor sollten Sie jedoch Ihren spirituellen Helfer befragen.

Zuerst zeige ich Ihnen, wie Sie selber Kraftorte finden können. Danach werde ich detailliert erklären, wie Sie mit diesen Stellen arbeiten können.

Was gibt es für Kraftorte?

Viele Kraftorte befinden sich auf Bergspitzen, an Quellen, an der Mündung von Gewässern, in Höhlen, Vulkanen, Erdbebengebieten oder in geographischen Übergängen wie zwischen Berg und Tal, Wasser und Land, Kalk und Granit. Aber nicht alle Kraftorte sind durch auffällige natürliche Gegebenheiten erklärbar, noch sind alle Höhlen, Gewässermündungen usw. Kraftorte. Es ist deshalb am einfachsten, die Kraftorte vorerst anhand der Markierungen früherer Schamanen zu finden. Lassen Sie mich hierzu die wichtigsten Markierungsbauten Mitteleuropas vorstellen:

Zeichen schamanischen Wirkens in Mitteleuropa

Menhire oder Hinkelsteine: Das sind meist aufragende Steine, die vor Tausenden von Jahren einzeln oder in Gruppen im Boden verankert wurden. Da die Menhire oft sehr weit (bis zu Hunderten von Kilometern) transportiert wurden, bestehen sie häufig aus einem anderen Gestein als die Umgebung, in der sie stehen. Die bekanntesten Menhiranlagen befinden sich in England (Stonehenge oder Avebury) und in Frankreich (Carnac). Die Menhire der deutschsprachigen Länder sind weniger bekannt, aber durchaus eindrucksvoll, obwohl leider in den letzten hundert Jahren eine sehr große Zahl davon zerstört wurde. In der Schweiz können größere Ansammlungen von Menhiren entlang des Neuenburger Sees, in Graubünden und bei den Städten Bern, Lausanne und Sion besichtigt werden. In Deutschland sind sie vor allem im Emsland, im Saalegebiet bei Benzingerrode und im Süden Baden-Württembergs anzutreffen, während in Österreich Menhire unter anderem im Ötztal vorkommen.

Für Archäologen gehören Menhire zu den großen ungelösten Rätseln. Es ist den Wissenschaftlern bis heute unklar, wieso sie erstellt wurden. Natürlich gibt es zahlreiche Erklärungen dazu, aber keine mag vollständig befriedigen: Weil viele Menhirgruppen entsprechend bestimmter astronomischer Daten ausgerichtet sind, wie nach der aufgehenden Sonne am längsten Tag, glauben manche, daß Menhire zum Zweck astronomischer Beobachtungen errichtet wurden. Andere finden, weil bei einigen Menhiren eine erhöhte Radioaktivität festgestellt wurde, daß die Menhire auf geologische Besonderheiten hinweisen. Weniger naturwissenschaftlich orientierte Autoren betrachten Menhire als Wegweiser, Grenzsteine oder Kultorte. Aus einem anderen Blickwinkel heraus sind einige wiederum überzeugt, daß es sich bei Menhiren um Landeorte außerirdischer Wesen oder UFOs handelt.

Aus einem schamanischen Gesichtspunkt markieren Menhire fast ausnahmslos Kraftorte. Dies schließt die eben erwähnten Interpretationen jedoch nicht aus. Ich werde Ihnen im Verlauf dieses Kapitels zeigen, wie Sie selbst herausfinden können, welchen Zweck eine konkrete Menhiranlage erfüllte.

Alte Grabstätten – Steingräber und Grabhügel: Da aus schamanischer Sicht der Tod den Übergang von der physikalischen in die spirituelle Welt darstellt, wurden in den alten Kulturen Gräber nicht an beliebigen Orten, sondern bevorzugt an Kraftorten eingerichtet. Alte Grabstätten können daher ein Hinweis auf Kraftorte sein.

Die Vielfalt der Bestattungsmethoden alter Völker ist beachtlich. Am offensichtlichsten sind Steingräber und Hügelgräber: Steingräber bestehen aus dicken rohen Steinplatten, die zur gleichen Zeit wie die Menhire gebaut wurden und auch in den gleichen Gebieten anzutreffen sind. In Deutschland sind die zahlreichen Steingräber entlang der Ostseeküste erwähnenswert.

Hügelgräber stammen aus keltischen Zeiten und sind Aufschüttungen von etwa zehn Metern Höhe und mehr. Man findet sie im gesamten deutschsprachigen Raum. Rügen ist ein nahezu idealer Ort, um auf kleinem Raum zahlreiche Stein- und Hügelgräber zu besuchen.

Die Visionen, die man in unmittelbarer Nähe alter Grabstätten hat, sind oft auf den ersten Blick unerwartet. Bei einer Gruppe von 15 Grabhügeln in Büsingen (Baden-Württemberg) sah ich vorerst verschiedene, äußerst schön gefärbte Luftwirbel. Inmitten dieser erkannte ich Dutzende von Paaren in körperlicher Vereinigung. Selbstverständlich erstaunte mich das, besonders an einem solchen Ort, bis ein Druide der damaligen Zeit mir erklärte: »Es ist doch schön; wo Leben endet, soll auch Leben beginnen!«

Felszeichnungen: Gravierte oder gemalte Darstellungen in Höhlen, Nischen oder auf freiliegenden Felsblöcken oder -platten kommen in allen Erdteilen vor. In Europa bekannt sind die Zeichnungen in den Höhlen von Lascaux und Cosquer (beides in Frankreich), Altamira (Spanien) oder die kürzlich entdeckten Chauvet-Grotten in der französischen Ardèche. Berühmt sind auch die Gravierungen auf Steinplatten im Val Camonica im nördlichen Italien (ca. 130 000 einzelne Bilder), auf dem Monte Bego nördlich von Nizza oder auf der Carschenna bei Thusis (Schweiz). Häufig sind auch Menhire oder Steingräber mit Malereien oder Gravuren versehen, wovon die schönsten Beispiele auf Korsika oder in Irland zu finden sind.

Mit Felsbildern versuchten Schamanen die dargestellten Objekte oder Handlungen in der spirituellen Welt zu beeinflussen. Das Anbringen solcher Bilder waren Zeremonien im Sinne des vorangegangenen Kapitels: Zeichnungen einer erfolgreichen Jagd unterstützten die reale Jagd, Malereien eines Sonnengottes stimmten das Wetter freundlich. Solche Bilder wurden bevorzugt an Kraftorten angebracht, da sie hier am wirkungsvollsten waren.

Schalensteine: Schalen- oder Näpfchensteine sind größere Felsblöcke, auf denen bis über hundert kleine Vertiefungen eingehauen wurden. Auf allen Erdteilen vorkommend, können sie auch im deutschsprachigen Raum angetroffen werden: Allein in der Schweiz befinden sich rund 1000 bekannte Schalensteine.

Wie bei den Menhiren, rätseln die Archäologen über die Bedeutung der Schalen. Die Interpretationen sind vielfältig: Die Schalen wurden als Zeitvertreib von gelangweilten Hirten angefertigt, zur Gewinnung von Steinstaub gebohrt, dienten als Wegweiser, sollten die symbolische Begattung der Mutter Erde darstellen oder dienten als Behälter für Opfergaben. Jeder Schalenstein hat vermutlich seine eigene Bedeutung. So habe ich in meinen Visionen auch die unterschiedlichsten Dinge gesehen: Auf der Carschenna (Kanton Graubünden) sah ich Blutopfergaben, während bei Büren an der Aare (Kanton Bern) schöne farbige Strahlen die einzelnen Näpfchen mit dem Himmel verbanden.

Steinmännchen: Diese aufgeschichteten, etwa menschengroße Steine sind ein weltweites Phänomen. Im deutschsprachigen Raum befindet sich die weitaus größte Konzentration im Alpengebiet. Eine sehr eindrucksvolle Steinmännchen-Ansammlung befindet sich auf dem Auenjoch in Südtirol. Hier stehen Dutzende dieser Steinhaufen in nächster Nähe, und viele Wanderer fügen ständig neue hinzu. Nach einer alten Sage handelt es sich hier um einen Hexentanzplatz.

Eine Geschichte zu den Steinmännchen: Ein wenig spirituell orientierter Kollege berichtete mir, er sei bei dichtem Nebel auf einem großen alpinen Karstfeld vom Weg abgekommen. In solchen Karstgebieten sieht bei Nebel alles gleich aus, und ohne Kompaß hatte er keine Ahnung, in welche Richtung er marschieren mußte. Er irrte stundenlang umher, bis er auf ein Steinmännchen stieß. Er erzählt, er habe sich dagegen gelehnt und müsse wohl damals eingeschlafen sein, denn er habe geträumt, ein Hirte würde auf einen nahe gelegenen Stein zeigen. Als er aufwachte, war er doch genügend neugierig, um zu diesem Stein zu gehen. Dort sah er die ersehnte Wanderwegmarkierung. Dieser Traum war nichts anderes als eine spirituelle Reise, die durch den Kraftort beim Steinmännchen ermöglicht wurde.

Bäume: In unseren Gegenden markierten insbesondere die keltischen Druiden ihre Kraftorte gerne mit Bäumen. Beliebt waren Linden, Eichen oder Kiefern. Obwohl natürlich die von den Kelten verehrten Bäume inzwischen abgestorben sind, wurden doch viele davon immer wieder ersetzt, vermutlich oft sogar in Unkenntnis über den Grund der ersten Pflanzung. Markante, meist alleinstehende Bäume können also immer noch Kraftorte kennzeichnen.

Römische Heiligtümer: Die Römer hatten ein Gespür für Kraftorte. Daher können beispielsweise römische Tempel oder Amphitheater auf Kraftorte hinweisen. Im deutschsprachigen Raum findet man Reste römischer Anlagen im Süden Deutschlands, in Österreich und in der Schweiz. Beispiele sind die Tempelanlagen von Kempten

(Bayern) und Augst (Kanton Baselland) oder die Amphitheater von Windisch (Kanton Aargau) und Avenches (Kanton Waadt). Der Tempelbezirk von Petinasca (bei Biel im Kanton Bern) ist zwar alles andere als eindrucksvoll, eignet sich aber sehr gut für spirituelle Reisen, da er abgelegen in einem Wald liegt. Ebenfalls empfehlenswert diesbezüglich ist der gallorömische Tempel oberhalb Tegna im Kanton Tessin.

Kirchen: Sie waren ehemals oft Glaubensstätten anderer Religionen. Beim Vormarsch des Christentums versuchte die Kirche vorerst, den heidnischen Kult radikal zu bekämpfen. Dies blieb aber ohne Erfolg, was die Kirche veranlaßte, diese Heiligtümer in christliche Glaubensorte umzuwandeln, statt sie zu zerstören. So wurden an diesen Orten Kreuze, Kapellen, Kirchen oder Kathedralen erstellt, welche die alten Heiligtümer wie Menhire oder Schalensteine ersetzten. Auch christliche Bauten können deshalb Kraftorte mit langer schamanischer Tradition sein.

Solche Umgestaltungen waren oft mit intensiven Gefühlen verbunden, die immer noch spürbar sind. In der St.-Martins-Kirche bei Büsingen (Baden-Württemberg) erlebte ich große Wut und nachfolgende Trauer der damaligen Schamanen, als die Kirche gebaut wurde. Auf der anderen Seite spürte ich das große Glücksgefühl der Kirchenbauer.

Wie finden Sie die Bauten an Kraftorten?

Da an Menhiren und Schalensteinen in der Regel kein großes allgemeines Interesse besteht, ist es oft nötig, etwas nachzuforschen, bis man sie findet.
Nachfolgend einige Tips, wie Sie in Ihrer Wohngegend solche Orte entdecken können:

- Archäologische Führer und Museen geben Hinweise über die archäologischen Funde einer Gegend. Darunter befinden sich sehr wahrscheinlich auch einige mit schamanischer Vergangenheit.
- Auf Landkarten 1:25 000 sind einige, aber bei weitem nicht alle Bauten, die an Kraftorten stehen, aufgeführt.
- Alte Sagen berichten manchmal von Steinen, die heilen konnten, sich bewegten, Schätze verborgen hielten, auf denen Fußabdrücke zu sehen sind oder die Geister beherbergten. Eine Sammlung lokaler Sagen kann Sie auf die Spur bringen.
- Orts- und Flurnamen, welche die Bezeichnungen wie Hexe (Hexental, Hexenweiher, Hexenplatz), Teufel (Teufelsbrücke, Teufelskessel, Teufelsplatte, Teufelsstein) oder Tod (Totenweg) beinhalten, sind oft christliche Versuche, Kraftorte zu verunglimpfen. Andere Namen sind aus älteren Zeiten übriggeblieben. So ist der Berg Belchen nach dem keltischen Sonnengott Belenus und Wien nach dem keltischen Fruchtbarkeitsgott Find benannt. Bei solch älteren Namen kann Ihnen ein Herkunftswörterbuch helfen.
- Besondere Ereignisse geschehen oft an Kraftorten: Zwei berühmte Schweizer Schlachtfelder (Grandson und Grauholz) liegen beispielsweise in unmittelbarer Nähe von Menhiranlagen.

Beachten Sie bei Ihrer Suche nach Kraftorten, daß diese sich nicht unbedingt an romantischen Stellen in der unberührten Natur befinden. Das Gegenteil ist leider häufiger der Fall, vermutlich, weil die Energie dieser Orte auch die moderne Technologie anzieht: Über den ursprünglichen Standort der Grauholz-Menhire wurde eine Autobahn gebaut; eine Hochspannungsleitung führt direkt über die größte Platte mit Felszeichnungen bei Carschenna; das Kesslerloch bei Schaffhausen ist von einer Autobahn, mehreren Straßen und einer Eisenbahnlinie umgeben und liegt zudem direkt neben einer Zementfabrik, und die neuentdeckten Felszeichnungen in Portugal befinden sich direkt in einem zukünftigen Stauwehr.

Es ist ebenfalls wichtig zu wissen, daß gewisse Markierungen nicht mehr bei tatsächlichen Kraftorten liegen. So wurden manche Anlagen wegen Bauvorhaben verschoben (die Grauholz-Menhire wurden im Rahmen des Autobahnbaus an einem anderen Ort aufgestellt) oder es werden neue Anlagen erstellt, die den alten verblüffend ähnlich sind (in der Nähe des Schlosses Herblingen im Kanton Schaffhausen steht ein fast perfekter Steinkreis, der jedoch erst kürzlich errichtet worden ist). Auch beim Bau neuerer Kirchen oder Kapellen werden nur noch raumplanerische und kaum spirituelle Vorgaben beachtet. Dies heißt aber nicht, daß diese Orte mit einer intensiven spirituellen Tätigkeit nicht zu Kraftorten werden könnten, dies ist jedoch meist schwieriger, weil ihnen die anfängliche Kraft der Erde fehlt.

Es gilt also stets herauszufinden, ob es sich wirklich um einen Kraftort handelt. Verlassen Sie sich hierzu auf Ihr Gefühl, oder unternehmen Sie eine schamanische Reise.

Bin ich an einem Kraftort?

Nähern Sie sich langsam und möglichst entspannt und offen dem fraglichen Ort. Achten Sie dabei auf Zeichen, mit denen sich ein Kraftort bemerkbar machen kann.

Möglicherweise sehen, hören oder riechen Sie etwas Besonderes oder Unerwartetes. Der Kraftort vibriert vielleicht ein wenig, ist von farbigen Luftwirbeln oder -strahlen umgeben, Sie können Töne hören, oder es riecht eigenartig. Bei unüblichen Wahrnehmungen wie diesen versucht sich natürlich unser Verstand immer wieder dazwischen zu schalten und uns weiszumachen, daß es derartiges nicht gibt. So schwierig dies ist, wir müssen deshalb unser rationales Denken ausschalten und alles zulassen.

Achten Sie auf Ihren Körper: Viele Leute spüren Kraftorte am Körper. Oft bemerken sie schwache Knie, ein Prikkeln, Herzklopfen oder unregelmäßiges Atmen. Ihre eigene Reaktion können Sie an offensichtlichen oder bekannten Kraftorten herausfinden, um dann damit fragliche Orte zu testen. Bei mir stelle ich stets ein Prickeln in meinem linken Ringfinger fest und – lachen Sie mich ruhig aus, es ist aber so – ich bekomme Harndrang.

Falls der Ort weder außergewöhnlich wirkt noch körperliche Reaktionen hervorruft, handelt es sich vermutlich nicht um einen Kraftort. Sind Sie im Zweifel, unternehmen Sie eine spirituelle Reise auf die Art, wie Sie es schon oft gemacht haben, oder versuchen Sie es an einem anderen Tag wieder.

Werfen Sie alle Vorurteile über Bord: Bei meiner Suche nach Kraftorten war ein als Menhir imponierender, an einer schönen Stelle gelegener Granitblock ein normaler Findling, während der große Stein im Werkareal eines lokalen Baugeschäftes sich als Menhir entpuppte.

Bevor wir Kraftorte interpretieren und mit ihnen arbeiten, müssen Sie wissen, daß die verschiedenen Kraftorte einer Region meist in einem Zusammenhang stehen.

Symbolische Landschaften – ein System von Kraftorten

In einer Region stehen Kraftorte selten allein; es mag zwar einen Hauptort geben, aber dieser steht meist in Verbindung mit einer ganzen Reihe weiterer Stellen. Ein solches System von Kraftorten wird als symbolische oder spirituelle Landschaft bezeichnet.

Weltweit ist die gerade Linie die häufigste Verbindungsart von Kraftorten. Zum Beispiel liegen in England die Kraftorte vielfach in kilometerlangen geraden Reihen (z. B. Stonehenge – Old Sarum – Kathedrale von Salisbury – Clearbury-Ringbauten). An anderen Stellen wurden auch diese geraden Verbindungen markiert: In Kalifornien führen schnurgerade Pfade von einer heiligen Bergspitze zur nächsten oder im Chaco Canyon von New Mexico verbinden gerade Straßen die zahlreichen Heiligtümer. Weder die Pfade noch die Straßen berücksichtigten die Bodenbeschaffenheit des Geländes in irgendeiner Art und Weise und konnten deshalb unmöglich zu Transportzwecken angelegt worden sein, sondern dienen dem Wandern von Geistern.

Andere symbolische Landschaften richten sich nach astronomischen Ereignissen: Vom elsässischen Belchen (Ballon d'Alsace) aus betrachtet geht die Sonne am kürzesten Tag über dem kleinen Belchen (Petit Ballon), an der Tag- und Nachtgleiche über dem badischen Belchen im Schwarzwald und am längsten Tag über dem Jura-Belchen in der Schweiz auf.

Die spirituelle Verbindung zwischen Kraftorten zeigt, daß die einzelnen Stellen nicht isoliert zu betrachten sind. Erinnern wir uns in diesem Zusammenhang an die eingangs gemachte Bemerkung, ein Kraftort würde einen bestimmten Blickwinkel aufzeigen. Indem verschiedene Kraftorte miteinander verbunden werden, wird dieser Tendenz entgegengewirkt. Jeder einzelne Bestandteil ist zwar einseitig, das ganze System ist aber wieder ausgeglichen. Wollen Sie also eine ausgeglichene Meinung zu Ihrem Problem, müssen Sie sich die Mühe machen, an verschiedenen Stellen der symbolischen Landschaft spirituelle Reisen zu unternehmen.

Um Ihnen zu zeigen, wie eine typische mitteleuropäische symbolische Landschaft aufgebaut ist, möchte ich Ihnen als Fallbeispiel meinen Wohnort vorführen.

Fallbeispiel Windisch

Windisch, im schweizerischen Kanton Aargau gelegen, ist eine Ortschaft mit rund 7000 Einwohnern. Bereits aufgrund der geographischen Gegebenheiten ist Windisch ein guter Kandidat für die Mitgliedschaft einer symbolischen Landschaft: Hier grenzt der Jura an das schweizerische Mittelland und zugleich geht der Kettenjura in den Tafeljura über. Der Zusammenfluß der Aare, Reuss und Limmat, der drei wichtigsten Flüsse des schweizerischen Mittellandes, befindet sich in unmittelbarer Nähe. Zudem liegt die Heilquelle Schinznach-Bad in einer Nachbargemeinde.

Windisch blickt auf eine sehr lange Geschichte zurück: Aus urgeschichtlichen Zeiten ist ein Schalenstein (eine erste Markierung) bekannt, ferner vermute ich, daß es sich bei der auf alten Karten ersichtlichen schnurgeraden Linie von »erratischen Blöcken« (Findlinge u. ä.) um Menhire (weitere Kraftorte des Systems) handelt.

Die Urbevölkerung der Region wurde durch die Kelten verdrängt, die in Windisch eine befestigte Siedlung, ein Oppidum, bauten. Von den Kelten stammt auch der Name Windisch, der auf den keltischen Fruchtbarkeitsgott »Find« (= der Blonde) zurückzuführen ist. Die Kelten wurden ihrerseits von den Römern verdrängt, die hier ein Legionslager mitsamt Tempel und Amphitheater (zwei weitere Kraftorte) errichteten. Im Mittelalter konnten hier die Habsburger ihre Macht manifestieren und den Grundstein ihres Reiches legen. In Windisch wurde Albrecht von Habsburg ermordet (bedeutendes Ereignis), was seine Tochter zur Gründung des Klosters Königsfelden (weitere Markierung) veranlaßte. Später war Windisch auch eine Zeitlang Bischofssitz. Im Zuge der Reformation wurde das Kloster aufgegeben. Die Gebäude beherbergen heute die Kantonale Psychiatrische Klinik. Die Vielzahl der Kraftorte bildet eine spirituelle Landschaft. Um nur einige der Zusammenhänge zu nennen: Die vier Menhire, das römische Amphitheater und die Klosterkirche stehen exakt auf einer Geraden. Weiter liegen das Amphitheater, ein (ehemaliger) Menhir, beide Kirchen der Nachbargemeinde Birmenstorf und ein großer Felsbrocken (Elefantenstein) ebenfalls auf einer schnurgeraden Linie. Ein Eingang des Amphitheaters ist genau auf einen markanten Hügel (Gebensdorfer Horn) ausgerichtet, auf dem ebenfalls ein menhirähnlicher Stein steht.

Erforschen Sie Ihre Wohngemeinde oder ein Gebiet in der Nähe. Vermutlich werden Sie auf ein ähnliches System stoßen. Sie müssen nicht gleich ein ganzes System von Kraftorten beisammen haben, um mit Kraftorten arbeiten zu können. Eine oder zwei Stellen genügen. Wiederholen wir kurz, wozu Kraftorte verwendet werden können, ehe wir zur Praxis übergehen: Sie können Probleme aus ganz bestimmten Blickwinkeln betrachten oder mit früheren Schamanen Kontakt aufnehmen. Am Beispiel von Menhiren möchte ich Ihnen zeigen, wie Sie konkret vorgehen können:

Probleme aus neuen Blickwinkeln betrachten

Als erstes ist es nötig herauszufinden, was ein konkreter Kraftort darstellt. Nähern Sie sich hierzu langsam Ihrer Menhiranlage. Versuchen Sie sich in die spirituelle Landschaft einzubringen: Achten Sie auf die Anordnung der

Steine. Sind sie in geraden Linien? Wenn ja, wohin zeigt die Linie? Was sehen Sie dort? In Falera (Kanton Graubünden) liegen zum Beispiel die Kirchen der benachbarten Dörfer auf der Verlängerung einer Linie durch die Menhire. Schauen Sie sich die Steine von allen Seiten genau an. Sehen Sie Gesichter? Wohin schaut das Gesicht? Obwohl solche auf den ersten Blick oft nicht zu erkennen sind, können Gesichter durch spezielle Lichtverhältnisse sichtbar werden. Auf eindrucksvolle Art sah ich ein Gesicht erst, nachdem sich etwas Schnee auf den Menhir bei Erzingen (Baden-Württemberg) gesetzt hatte. Der Erzinger Menhir schaut auf eine ein paar hundert Meter entfernte Kapelle (zu der ein Pilgerweg führt), die offensichtlich auch zur symbolischen Landschaft gehört. Setzen Sie sich neben den Menhir und berühren Sie ihn. Schließen Sie die Augen, verwenden Sie bei Bedarf einen Gehörschutz (leider befinden sich viele Menhire in Straßennähe) und bitten Sie Ihren spirituellen Helfer, Ihnen die Weisheit dieses Menhirs zu offenbaren.

Da Menhire zu den ältesten spirituellen Wahrzeichen gehören, werden Sie oft mit den *Grundgefühlen* konfrontiert werden: Angst, Wut, Trauer, Glück und Mitgefühl (ein guter Weg übrigens, um diese auszulösen, vgl. das Kapitel »Die Gefühle als spirituelle Lehrer«). Gehen Sie weiter, fragen Sie, wieso dieser Menhir genau hier steht und wieso gerade diese Anordnung gewählt wurde. Fragen Sie, wer ihn hingestellt hat und warum.

Sie werden erstaunliche Antworten erhalten: Ich habe so schon Farbstrahlen von Menhiren (Windisch, Kanton Aargau) ausgehen sehen, die darstellten, wie die ganze Welt mit dem Himmel verbunden war.

Eine gerade Reihe von Menhiren in Falera zeigte sich als Weg der Erkenntnis, in jedem Lebensabschnitt könne man einen weiteren Menhir erfahren, bis man beim letzten (dieser steht kurz vor einem steilen Hang) fliegen lernen könne (damit kann schamanisches Reisen oder aber auch der Tod als eine länger andauernde Reise gemeint sein).

Stellen Sie auch bei dieser Übung einen Wecker, damit Sie rechtzeitig in die physikalische Welt zurückkehren. Bedanken Sie sich bei Ihrem spirituellen Helfer und bei den alten Schamanen, die diesen Ort oft erst durch ihr Wirken zum Kraftort machten und/oder ihn für die Nachwelt markierten.

Sobald Sie wissen, was Ihr jeweiliger Kraftort bedeutet, können Sie mit diesen Eigenschaften arbeiten. Löst er beispielsweise Trauer aus, dann können Sie ein Problem unter diesem Gesichtspunkt betrachten. Es wird Ihnen dadurch vielleicht klar, wovon Sie sich trennen müssen, um zu einer Lösung zu finden. Stehen Sie beispielsweise vor der Frage, ob Sie umziehen müssen, dann werden Sie bei diesem Menhir auf die Aspekte des Problems aufmerksam gemacht, die mit Trennungen zu tun haben. So werden Sie vielleicht auf Ihrer spirituellen Reise an diesem Ort Bekannte antreffen, die Sie mit dem Umzug verlassen müssen. Ein anderer Menhir löst dagegen Glück aus. Hier werden Sie die positiven Aspekte Ihres Umzuges erfahren – eine bessere Stelle oder nettere Nachbarn. Sie können also bei verschiedenen Menhiren Ihr Problem unter ganz unterschiedlichen Gesichtspunkten anschauen und können so besser entscheiden.

Kontakt zu früheren Schamanen

Da Kraftorte häufig von früheren Schamanen aufgesucht wurden, eignen sie sich sehr gut, um genau mit diesen Schamanen Kontakt aufzunehmen und etwas von ihrer Weisheit zu erfahren. Dieser Kontakt kann sehr bedeutungsvoll sein, denn diese Schamanen lebten zwar in einer anderen Zeit, aber am gleichen Ort wie Sie. Erinnern wir uns hierzu nochmals, wer früher in unserer Umgebung Schamanen waren (vgl. das Kapitel »Der Schamanismus als Urkraft«): Für die Schamanen der Steinzeit haben wir keinen Namen, bei den Kelten wurden sie Druiden genannt; die Römer hatten Priester mit schamanischen Eigenschaften, und im Mittelalter lebte der Schamanismus in Hexen und Hexenmeistern weiter.

Überlegen Sie sich als Vorbereitung für Ihr Treffen, was Sie einen früheren Schamanen Ihrer Region fragen möchten. Vielleicht interessieren Sie sich für seine Zeremonien, seine Lebensweise oder seine schamanischen Techniken. Gehen Sie anschließend zu einem Kraftort und treffen Sie dort die üblichen Vorbereitungen für eine spirituelle Reise.

Fragen Sie Ihren spirituellen Helfer, er möge Sie mit einem früheren Schamanen bekannt machen. Erscheint ein solcher, lassen Sie sich von Ihrem Helfer vorstellen, begrüßen Sie den Schamanen so, als ob Sie jemanden in Ihrer alltäglichen Welt treffen würden. Erzählen Sie etwas über sich und sprechen Sie ganz normal mit ihm. Stellen Sie Ihre Fragen und beantworten Sie auch die seinen.

Bedanken Sie sich nach einer vorgegebenen Zeit sowohl beim Schamanen und Ihrem spirituellen Helfer und kehren Sie in die alltägliche Welt zurück. Ist Ihnen der Schamane sympathisch, besuchen Sie ihn öfters. Womöglich entwickelt er sich zu einem weiteren spirituellen Helfer.

Verwirrung und Gefahren an Kraftorten

Wie am Beispiel Windisch illustriert, trifft an vielen Kraftorten sehr viel Energie aufeinander: Die natürliche Kraft der Erde, der »Input« vieler Schamanen während

Tausenden von Jahren und die Energie der Bauten selbst. Diese Vielfalt kann zu Verwirrung beim spirituell Reisenden führen und auch Gefahren in sich bergen.

Um das Risiko der Verwirrung klein zu halten, beginnen Sie Ihre Erfahrung mit Kraftorten am besten an Orten, die möglichst ursprünglich sind und nicht von verschiedenen nacheinanderfolgenden Kulturen verwendet wurden. Wählen Sie also einen einsam stehenden Menhir oder Schalenstein und nicht gerade den Vatikan. Die Kräfte sind zwar an den berühmten Kraftorten oft erheblich größer, aber es ist auch viel schwieriger, sich auf eine bestimmte Mitteilung zu konzentrieren. Als Vergleich: Es ist einfacher, sich vorerst in einem Dorf zurechtzufinden, bevor man sich in eine Stadt wagt.

Wenn soviel an einem Ort geschieht, ist natürlich auch nicht alles davon gut. Seien Sie also auf Ihren sprituellen Reisen auf der Hut, und befolgen Sie unbedingt immer die Anweisungen Ihres spirituellen Helfers. Will er Sie nicht auf eine Reise führen, gehen Sie auch auf keine, auch wenn Sie Hunderte von Kilometern gereist sind, um genau an diese Stelle zu kommen. Ein persönliches Beispiel hierzu:

Es war schon mühsam, meinen damals dreijährigen Sohn in die Nähe der Felszeichnungen auf der Carschenna zu schleppen. Der schlechte Eindruck wurde bestätigt, als mein spiritueller Helfer mir zu erklären versuchte, er wolle mir noch nichts zeigen. Ich war damals noch unerfahren und – da ich weit gereist war – insistierte ich. Mein spiritueller Helfer gab nach und zeigte mir anschließend schreckliche Szenen von Menschenopfern, und ich spürte einen Sog, der mich von den Platten weg und den felsigen Berghang hinunter ziehen wollte. Gleichzeitig wurde mir übel, was mich dann doch überzeugte, die Vision abzubrechen. Mit zitternden Knien verließ ich die Stelle.

Bedenken Sie also stets: Kraftorte können sehr nützlich sein, aber nicht immer sind Sie zur rechten Zeit an dem für Sie richtigen Ort!
Durch Ihre Arbeit mit Kraftorten gehören Sie nun auch zu den Schamanen, die auf diese Orte einwirken. Damit müssen Sie einen Teil der Verantwortung für diese Stellen übernehmen.

Verantwortung für Kraftorte übernehmen

Wie die Schamanen von früher beeinflussen nun auch Sie mit Ihren Visionen und Ihrer Arbeit einen Kraftort. Seien Sie sich dessen bewußt, und passen Sie Ihr Handeln dem bereits bestehenden Zweck an. So verhindern Sie eine *spirituelle Verunreinigung* des Ortes.
Tragen Sie auch dafür Sorge, daß der Ort in der physikalischen Welt nicht durch Straßen, Wohnungen oder andere Bauten zerstört wird oder unter Umweltverschmutzung zu leiden hat. Dies ist heutzutage schwierig, denn eine Behörde wird bei der Planung von Bauprojekten kaum spirituelle Argumente akzeptieren. Um Ihren Ort zu schützen, können Sie auf Argumente des Denkmal- oder Naturschutzes ausweichen und zusätzlich über die spirituelle Welt einen Einfluß ausüben. Für letzteres stellen Sie sich den Ort so vor, wie Sie ihn gerne hätten, und versuchen Sie, die Bauten in der spirituellen Welt woanders hinzustellen. Informieren Sie sich hierzu über die verschiedenen zur Verfügung stehenden Varianten, und unterstützen Sie Alternativen.
Allein werden Sie dies kaum schaffen; organisieren Sie deshalb eine Gruppe Gleichgesinnter und entwickeln Sie hierzu – wie im vorhergehenden Kapitel beschrieben – eine Zeremonie, welche die Gefahr von Ihrem Kraftort fernhält.

Die Erde lebt

Sie lebt und bildet eine organische Einheit, genauso wie jede Pflanze, jedes Tier und jeder Mensch. An Kraftorten ist die Lebendigkeit der Erde besonders spürbar. Wie wir gesehen haben, sind die meisten Kraftorte sehr stark von Menschen beeinflußt, und wir treffen deshalb bei unseren spirituellen Reisen vorerst auf viele Generationen von Schamanen; gehen wir aber tiefer, treffen wir auf die Erde selbst. Nicht nur die früheren Schamanen können uns etwas beibringen, auch die Erde selbst will uns etwas mitteilen. Oft ist diese Mitteilung gar nicht so verschieden von dem, was die Schamanen uns an dieser Stelle sagen, denn diese spürten die Erde ebenfalls.

Versuchen Sie direkt mit der Erde zu kommunizieren: Gehen Sie an einen möglichst naturbelassenen Kraftort und stellen Sie sich auf Ihrer Reise einen langen Tunnel vor. Auf allen Seiten stehen die historischen Schamanen, die den Ort benützt haben. Gehen Sie an allen vorbei, bis Sie am Ende des Tunnels auf die Erde selbst treffen.

Bei einer meiner diesbezüglichen Versuche empfand ich die Oberfläche der Erde als dünne Haut, ich spürte sie so, wie wenn es meine eigene Haut gewesen wäre, jede Straße empfand ich als Kratzer, jede Baugrube als Stich. Ich spürte, wie die Erde überlegte, was zu tun sei, ähnlich wie wir überlegen, wenn wir viele Bienenstiche abbekommen haben. Sie schien etwas verwirrt, gewisse Sachen gab sie gern, aber war das nicht des Guten zuviel?

Besinnungspause

In diesem Kapitel habe ich Ihnen nun alle diejenigen schamanischen Techniken gezeigt, die mir wichtig waren. Ich habe Ihnen allerlei Möglichkeiten erklärt, wie

Sie Probleme angehen oder Ziele besser erreichen können.

Fragen wir uns noch etwas ketzerisch zum Schluß: Wozu das alles? Wieso wollen wir unsere Probleme lösen? Was sind überhaupt unsere Probleme? Was für Ziele sollen wir anpeilen? Wohin führt unser Weg? Solche Fragen haben Sie sich sicher auch schon gestellt.

Schamanen haben für solche grundlegenden Fragen oder Weichenstellungen das Medizinrad und das Konzept der Chakren entwickelt. Dies führt uns zum Thema des nächsten Kapitels.

10 Das Medizinrad und Chakren

Sie haben die verschiedensten Techniken und Möglichkeiten des Schamanismus kennengelernt und dabei gesehen, wie umfangreich und mächtig die spirituelle Welt ist. Bevor Sie auf sich selbst gestellt sind, möchte ich mit Ihnen noch zwei Orientierungshilfen entwickeln, die ganz persönlich auf Sie zugeschnitten sind. Beide dienen dazu, Hindernisse in Ihrer spirituellen Entwicklung aufzudecken und die Richtung zu einer inneren Harmonie aufzuzeigen.

Wege zum inneren Gleichgewicht

Das *Medizinrad* ist eine spirituelle Karte, sie wird Ihnen erlauben, eine spirituelle Standortanalyse durchzuführen und stellt einen Wegweiser für die einzuschlagende Richtung dar. Die Chakren sind dabei die Pfade, auf denen Sie in Ihre Richtung wandern können.
Erinnern wir uns: Krankheiten resultieren aus unterdrückten Gefühlen. Diese sind wiederum Warnsignale eines Ungleichgewichtes. Derlei Disharmonien zu entdecken und zu beseitigen ist eine der Hauptaufgaben eines Schamanen, einerseits für sich selbst und – hat er

genügend Erfahrung – auch für andere, ob dies nun Menschen, Tiere, Pflanzen, das Wetter oder gar der ganze Planet ist. Pfade aufzudecken und zu verfolgen, die ins Gleichgewicht führen, ist deshalb eines der Hauptanliegen jedes Schamanen.

Das Medizinrad

Obwohl der Name indianischen Ursprungs ist, wird das Konzept des Medizinrades weltweit verwendet. Andere Bezeichnungen sind »Kreis des Lebens«, »heiliger Kreis« oder »Mandala«. Das Medizinrad ist eine Karte der spirituellen Welt, die durch einen Kreis symbolisiert wird, der – wie unsere normalen Landkarten auch – mit den vier Himmelsrichtungen beschriftet ist. Zusätzlich wird zwischen einem »Oben« und einem »Unten« unterschieden.

Das Rad stellt also insgesamt sechs Hauptrichtungen dar und ist ein in vier Segmente unterteilter Kreis. Mit »Oben« und »Unten« wird jeweils der Bereich oberhalb beziehungsweise unterhalb des Kreises beschriftet. Zur besseren bildlichen Darstellung wird manchmal der Kreis als Schnitt durch einen Baumstamm aufgezeichnet, während die Äste das »Oben« und die Wurzeln das »Unten« kennzeichnen.

Jedem der sechs Bereiche werden bestimmte Eigenschaften, Lebewesen oder Gegenstände zugeordnet. Die Möglichkeiten solcher Zuordnungen sind riesig: Daten, Farben, Pflanzen, Tiere, Automarken, Musikstücke, Personen, Gesteinstypen, Jahreszeiten, Gefühle und vieles, vieles mehr. Diese Zuordnungen beschreiben die Merkmale des jeweiligen Sektors und sind für jeden Menschen verschieden. Manche Indianerstämme benützten zwar manchmal fertig ausgefüllte Medizinräder, was für sie sicher in Ordnung war, denn die Stammesangehörigen hatten alle eine sehr ähnliche Beziehung zu den verschiedenen Zuordnungen. Dies ist in der heutigen Zeit aber nicht mehr der Fall, weshalb ich Ihnen zeigen möchte, wie Sie Ihre eigenen Zuordnungen finden können. Ich bin im Moment bewußt sehr spärlich mit Beispielen, damit ich Sie nicht beeinflusse. Ich finde es äußerst wichtig, daß Art und Lage der Zuordnungen von Ihnen persönlich gewählt werden.

Zu einem gegebenen Zeitpunkt steht eine Person an einer bestimmten Stelle auf dem Medizinrad, zum Beispiel in der östlichen Hälfte des nördlichen Sektors, oberhalb des Rades. Diese Stelle zeigt auf, wo dieser Mensch in der spirituellen Welt steht. Grundsätzlich ist keine Position besser als eine andere, jedoch ist jemand um so ausgeglichener, je näher er sich in der Mitte des Kreises befindet.

Ziel eines Schamanen ist in der Regel also eine Wanderung Richtung *Zentrum* des Rades. Nur falls ein bestimmtes Ungleichgewicht nützlich ist, zum Beispiel außergewöhnliche Stärke oder Geschwindigkeit benötigt wird, wandert er vorübergehend nach außen.

Ich möchte Ihnen nun zeigen, wie Sie Ihr persönliches Medizinrad aufstellen, anschließend stelle ich Ihnen mein erstes Medizinrad und eine keltische Version vor.

Das persönliche Medizinrad

Suchen Sie sich einen Ort, wo Sie eine Weile ungestört arbeiten können. Nehmen Sie ein Blatt Papier und zeichnen Sie ein »X« darauf, welches das Blatt in vier Segmente unterteilt, lassen aber ober- und unterhalb etwas Platz frei. Beschriften Sie die sechs Richtungen mit den vier Himmelsrichtungen sowie »Oben« und »Unten«.

Oben

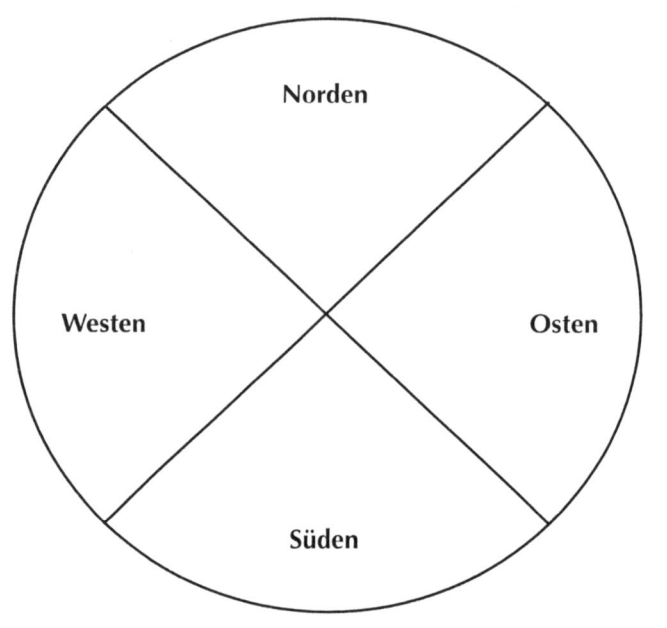

Unten

Vorlage für ein Medizinrad: In diesem leeren Medizinrad können Sie den Feldern aller vier Himmelsrichtungen sowie den Bereichen Oben und Unten persönliche Merkmale zuordnen. Lassen Sie sich beim Ausfüllen keinesfalls von logischen Überlegungen leiten. Es dürfen beliebige Zuordnungen gewählt werden, Hauptsache, Sie haben einen persönlichen Bezug zu den von Ihnen aufgeführten Menschen, Tieren, Pflanzen, Gefühlen, Ideen, Gegenständen usw.

Ordnen Sie jedem dieser sechs Segmente Farben, Tiere, Pflanzen, Steine, Gefühle, Personen, Länder, Ideen, Musikstücke, Automarken oder was Ihnen sonst gerade in den Sinn kommt zu.

Versuchen Sie hierzu eine Art Dämmerzustand zu erreichen: Treffen Sie die üblichen Vorbereitungen für schamanische Reisen, gehen Sie aber nicht ganz in die spirituelle Welt, sondern bleiben Sie auf deren Schwelle; Sie haben so zwar das erweiterte Bewußtsein der anderen Welt, können aber trotzdem noch schreiben. Machen Sie sich aber keine Sorgen, wenn dies nicht ganz so gelingt wie beschrieben. Wichtig ist hingegen, daß Sie das Rad ausfüllen, ohne dabei verstandesmäßige Überlegungen anzustellen; schreiben Sie immer das auf, was Ihnen gerade in den Sinn kommt, auch wenn es überhaupt nicht logisch ist.

Unternehmen Sie zwei Durchläufe, wobei einzelne Zuordnungen durchaus in mehreren Feldern stehen dürfen:

- Erstens: Stellen Sie sich während einer halben Stunde jedes einzelne der Felder vor und schreiben Sie alles auf, was Ihnen in den Sinn kommt, zum Beispiel Süden, Feuer, Leben, Pinien, Palmen, Eidechsen, Sehnsucht, Leben, rot.
- Zweitens: Stellen Sie sich wiederum etwa eine halbe Stunde lang verschiedene Tiere, Pflanzen, Farben oder Gegenstände vor und ordnen Sie diese den Feldern zu, zum Beispiel Biber – Norden; Erde – Westen usw.

Haben Sie in allen Feldern Zuordnungen getroffen, dann sind Sie im Besitz Ihres ersten persönlichen Medizinrades. Dieses wird nun mit Ihnen leben, sich ändern und entwickeln.

Zögern Sie nicht, später neue Zuordnungen hinzuzufügen oder andere zu streichen.

Oben *Himmel; Farbstrahlen; Sehnsucht*

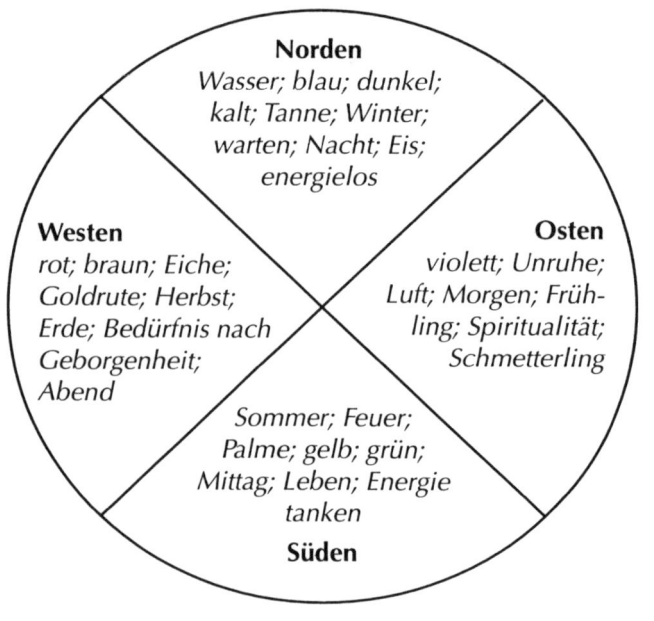

Norden
*Wasser; blau; dunkel;
kalt; Tanne; Winter;
warten; Nacht; Eis;
energielos*

Westen
*rot; braun; Eiche;
Goldrute; Herbst;
Erde; Bedürfnis nach
Geborgenheit;
Abend*

Osten
*violett; Unruhe;
Luft; Morgen; Früh-
ling; Spiritualität;
Schmetterling*

*Sommer; Feuer;
Palme; gelb; grün;
Mittag; Leben; Energie
tanken*

Süden

Unten *Wurzeln; Vergangenheit*

*Mein erstes Medizinrad: Ihr persönliches Medizinrad
wird anders aussehen. Lassen Sie sich nicht beeinflussen.
Es ist wichtig, daß die Zuordnungen Ihnen genau entsprechen. Je exakter Ihnen dies gelingt, desto besser können Sie sich orientieren und so ihren Weg ins Zentrum
finden.*

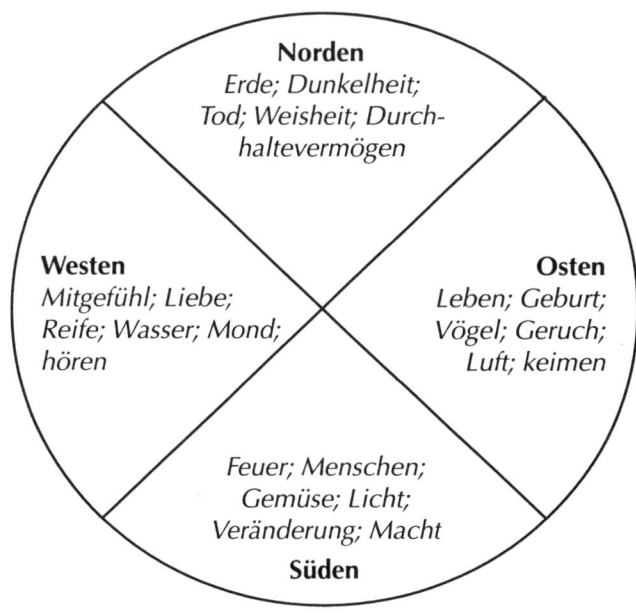

Norden
Erde; Dunkelheit;
Tod; Weisheit; Durch-
haltevermögen

Westen
Mitgefühl; Liebe;
Reife; Wasser; Mond;
hören

Osten
Leben; Geburt;
Vögel; Geruch;
Luft; keimen

Feuer; Menschen;
Gemüse; Licht;
Veränderung; Macht
Süden

Keltisches Medizinrad: Früher waren sich Menschen in der Lebensgemeinschaft eines Stammes viel ähnlicher, so daß allgemeingültige Medizinräder eher verwendbar waren als heute. Ich möchte deshalb davon abraten, fertig ausgefüllte Medizinräder, vor allem auch solche anderer Kulturen, anzuwenden.

Jede Zuordnung auf dem Medizinrad ist ein Wegweiser und hat eine besondere Bedeutung.
Bevor wir diesen Wegweisern einen Sinn geben, müssen Sie Ihre eigene Position auf dem Medizinrad ausfindig machen.

Wo befinde ich mich auf dem Medizinrad?

Schließen Sie in einem entspannten Zustand die Augen und stellen Sie sich vorerst einfach nur ein X vor. Lassen Sie nun an einem beliebigen Ort auf dem Diagramm einen Punkt (siehe Abbildung unten) erscheinen. Beobachten Sie in Ihrer Vorstellung den Punkt so lange, bis er sich nicht mehr bewegt: das ist Ihre Position. Üblicherweise wird sich diese nicht in der Mitte eines Segmentes, sondern auf einer Seite davon befinden.

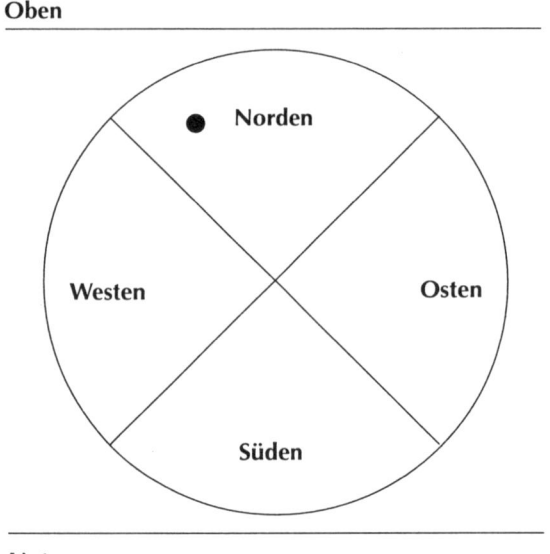

Um herauszufinden, ob Sie eher oben oder unten sind, stellen Sie sich eine waagerechte Linie vor; beobachten Sie wiederum einen roten Punkt, der eine Position entweder ober- oder unterhalb der Linie sucht.

Jetzt haben Sie Ihre Position. Sie liegt ober- oder unterhalb einer der vier Quadranten. In meinem ersten Medizinrad befand sich meine Position oberhalb der westlichen Hälfte des nördlichen Segments.

Ihre Position auf dem Medizinrad stellt Ihr Ungleichgewicht dar; um innere Harmonie und damit gute Gesundheit zu erlangen, müssen Sie auf dem Medizinrad Richtung Zentrum wandern. Die Zuordnungen des Rades symbolisieren dabei die Eigenschaften, die dabei verändert werden müssen.

Analysieren wir hierzu vorerst Ihren gegenwärtigen Standort: Zuordnungen in der Nähe Ihrer Position stellen Charakterzüge dar, die zu stark in Erscheinung treten, während die weiter entfernten Zuordnungen mangelnde Eigenschaften darstellen. Bei einer Position im nordwestlichen Sektor fallen also die dort angesiedelten Eigenschaften zu stark ins Gewicht, dafür treten die südöstlichen zuwenig in Erscheinung.

Zur Analyse des Standortes müssen die Zuordnungen interpretiert werden. Gehen Sie hierzu vor wie bei der Beurteilung der Symbole Ihrer Visionen.

Erinnern wir uns hierzu an das Kapitel »Der Zugang zur spirituellen Welt«:

- Sie betrachten die hervorstechenden Eigenschaften der Zuordnungen (z. B. Bär – Stärke; Porsche – Geschwindigkeit).
- Sie bitten während einer Vision Ihren spirituellen Helfer um Erläuterungen.
- Sie konsultieren ein Traumdeutungsbuch. Dies ist jedoch die ungenaueste Methode, da die Interpretation nicht auf Sie persönlich zugeschnitten ist.

Als Beispiel möchte ich Ihnen mein erstes Medizinrad in groben Zügen interpretieren:

Eis, als gefrorenes beziehungsweise erstarrtes Wasser, deutete auf mangelnde Flexibilität hin. Es bewegte sich nichts, ich verharrte in einer Warteposition, hatte aber auch nicht genug Energie, etwas dagegen zu unternehmen (Norden). Als Konsequenz versuchte ich mich in der Geborgenheit der Erde zu verstecken (Westen). Es fehlte mir das Feuer (Süden) und die Unruhe des Frühlings (Osten), um das Eis zu schmelzen. Es fehlten Leben und Spiritualität. Ich hatte aber Sehnsucht danach, alles zu ändern (oben).

Um die Wanderung Richtung Zentrum aufzunehmen, können Sie wiederum die Bildersprache des Schamanismus verwenden.

Wandern auf dem Medizinrad

Verbinden Sie auf Ihrem Medizinrad Ihre Position mit dem Zentrum. Welche Zuordnungen müssen Sie förmlich anziehen, damit Sie dorthin kommen? Welche müssen etwas schwächer werden? In meinem Fall brauchte es mehr Palmen, Sonne und Leben und weniger Kälte und Eis. Schließen Sie die Augen und stellen Sie sich Landschaften vor, welche die Zuordnungskombination an Ihrem ursprünglichen und am entgegengesetzten Ort darstellen: eine blaue, dunkle Schneelandschaft bei untergehender Sonne, eine palmenbewachsene Oase mit vielen Schmetterlingen. Bauen Sie einen Pfad zwischen diesen zwei Landschaften und stellen Sie sich vor, wie Sie in der gewünschten Richtung auf diesem Pfad wandern. Stellen Sie sich diese Wanderung in den nächsten Monaten und Jahren (Wanderungen auf dem Medizinrad brauchen Zeit!) immer wieder vor.

Diese spirituelle Wanderung wird sich mit der Zeit in der physikalischen Welt nachvollziehen, das heißt, es werden sich Situationen präsentieren, die es Ihnen ermöglichen, die mangelnden Eigenschaften zu finden und zu fördern.

Sie können diese Wanderung auch verkürzen, indem Sie an jeweils geeignete Orte reisen. So entwickelte sich meine zuvor tatsächlich »eingefrorene« Spiritualität wahrhaft explosionsartig nach einer zweiwöchigen Wanderung durch die Wüste (Sonne, Feuer, Palmen), bei der ich – wie aus einem inneren Drang – immer früh genug aufstand, um die aufgehende Sonne zu beobachten. Es hätte für mich wenig Sinn gemacht, nach Norwegen oder Kanada zu reisen, denn dies hätte meine bestehenden Eigenschaften unterstützt.

Diese Wanderung ins Zentrum ist oft ein lebenslanger Prozeß – nur wenige Menschen erreichen wirklich das Zentrum. Lassen Sie es mich mit anderen Worten ausdrücken: Die Arbeit an uns selbst geht immer weiter. Schnell werden Sie aber mit zunehmender Nähe zum Zentrum spüren, wie sich unsere Lebenseinstellung und unsere Sichtweise ändern. Wir spüren auch, wie wir weniger körperliche Leiden ertragen müssen, also deutlich gesünder werden. Diese Wanderung ist auch sehr spannend, denn die Welt sieht von jedem Punkt auf dem Medizinrad anders aus.

Sind Sie erst einmal geübt im Umgang mit dem Medizinrad, können Sie durchaus etwas experimentieren und versuchsweise eine andere Position auf dem Rad einnehmen. Dadurch wird sich Ihre eigene Welt radikal ändern – eine sehr interessante Angelegenheit, durchaus vergleichbar mit einer physikalischen Reise auf einen anderen, unbekannten Kontinent.

Betrachen wir nun noch ein anderes Hilfsmittel für diese Wanderung ins Zentrum: die *Chakren*.

Chakren

Dank dem Medizinrad kennen Sie Ihre Richtung ins Zentrum. Sie haben in der spirituellen Welt auch schon einen Pfad dorthin gebaut. Wandern Sie nun auf diesem Pfad, werden Sie Hindernisse antreffen, die es zu überwinden gilt. In der spirituellen Welt sind diese Hindernisse unter anderem in sogenannten Chakren verborgen. Chakren sind Öffnungen am spirituellen Körper (auch Aura genannt), der alle Lebewesen umgibt (vgl. das Kapitel »Die spirituelle Welt – Tätigkeitsfeld der Schamanen«). Sie stellen die Verbindungen eines Lebewesens zur spirituellen Welt dar. Der Name kommt aus dem Sanskrit und bedeutet »kreisender Wirbel«.

Die oben erwähnten Hindernisse sind *Blockaden* oder *Verschmutzungen* dieser Chakren. Um ins Zentrum des Medizinrades beziehungsweise zur eigenen inneren Harmonie zu gelangen, müssen diese Chakren gereinigt und von den Blockaden befreit werden. Auf jedem Chakra befinden sich spezifische Eigenschaften und entsprechende Hindernisse. Wollen Sie also eine bestimmte Eigenschaft verbessern, wählen Sie das dazu geeignete Chakra (eine Liste folgt gleich). In diesem Chakra werden Sie dann diejenigen Hindernisse antreffen, die es zu überwinden gilt.

Diese Hindernisse können nicht vermieden werden: *Pfade ohne Hindernisse führen nicht ins Zentrum.* Sie kommen deshalb schneller ins Zentrum, wenn Sie solche Pfade wählen, die direkt auf für Sie wichtige Hindernisse lossteuern.

Ein Beispiel zur Verdeutlichung: Zeigt das Medizinrad in einem entfernten Segment einen Bären und wir interpretieren dies als mangelnde Stärke, dann wählen wir für unsere Wanderung einen Pfad oder ein Chakra, bei dem wir uns mit Stärke auseinandersetzen müssen. Pfade mit anderen Eigenschaften bringen diesbezüglich nichts. Damit Sie diese Pfade finden und begehen können, müssen Sie mehr über Chakren wissen:

Bei gesunden Menschen haben die Chakren einen Durchmesser von etwa 5 cm, können aber je nach Beanspruchung größer, kleiner oder ganz geschlossen sein. Sie sind in der spirituellen Welt schön gefärbt. Bei einer Verschmutzung oder Blockierung sind die Farben aber nicht mehr rein, sondern verwaschen oder dunkel gefleckt. Bei gesunden Menschen drehen sich die Chakren im Uhrzeigersinn, bei solchen, die nicht im Gleichgewicht sind, im Gegenuhrzeigersinn, ganz chaotisch oder gar nicht. Die meisten Schamanen unterscheiden sieben Haupt- und eine ganze Reihe von Nebenchakren:

- 1. Hauptchakra: zwischen den Beinen, beim Steißbein
- 2. Hauptchakra: unterhalb des Bauchnabels
- 3. Hauptchakra: oberhalb des Bauchnabels
- 4. Hauptchakra: in der Mitte der Brust
- 5. Hauptchakra: zwischen Halsgrube und Kehlkopf
- 6. Hauptchakra: in der Mitte der Stirn
- 7. Hauptchakra: auf der Kopfoberseite (Scheitel)

Da sich die Chakren in der spirituellen Welt befinden, können sie mit unserer normalen Wahrnehmung kaum festgestellt werden. Um sie zu sehen, können Sie eine schamanische Reise unternehmen, ich möchte Ihnen aber zur Abwechslung eine andere Methode vorstellen:

Auspendeln der Chakren

Für diese Übung sind zwei Personen notwendig; eine davon legt sich vorerst mit dem Rücken nach unten auf den Boden, während die andere die Chakren auspendelt. Als Pendel können Sie ein kleines Gewicht an einen Faden

hängen (ich verwende als Gewicht stets meinen Ehering).
Den Faden des Pendels halten Sie zwischen Zeigefinger
und Daumen. Bringen Sie das Pendel derart über die Versuchsperson, daß das Gewicht ca. 2 bis 3 cm vom Körper entfernt ist (es ist nicht nötig, hierzu die Kleidung auszuziehen).

Lassen Sie Ihren Arm so locker wie nur möglich und betrachten Sie die Schwingungen des Pendels an den Hauptchakren. Sind die Chakren offen und gesund, werden Sie eine uhrzeigerförmige Kreisbewegung an diesen Stellen feststellen (gewisse Autoren finden, die gesunde Drehrichtung sei bei verschiedenen Chakren unterschiedlich und variiere zudem bei Frauen und Männern; ich kann diese These jedoch nicht bestätigen). Bei gestörten Chakren kann die Bewegung in eine beliebige Richtung gehen.

Mit dem Pendel können Sie übrigens auch die Lage vieler anderer Chakren feststellen; betrachten Sie zum Beispiel den Rücken (die Versuchsperson liegt auf dem Bauch), werden Sie sehen, daß alle Chakren auch eine hintere Öffnung haben. Weiter werden Sie an den Knien, Händen und Füßen Pendelbewegungen feststellen.

Die Eigenschaften der Chakren

Wie erwähnt, kommen in jedem Chakra andere Eigenschaften oder Lebensinhalte und entsprechend auch andere Hindernisse vor. Die Zuordnung von Eigenschaften zu Chakren ist natürlich von Person zu Person verschieden, dennoch besteht bei vielen Schamanen eine verblüffende Übereinstimmung. Hier eine häufige Interpretation:

● Das erste Chakra ist rot gefärbt und fördert unseren Willen, unsere Stabilität und unsere Durchsetzungskraft.

Es unterstützt unsere Existenz in der physikalischen Welt. Sind wir betreffend unserer Lebensberechtigung unsicher oder benötigen wir übermäßig viel Anerkennung, ist oft das erste Chakra beeinträchtigt. Diese Öffnung ist ferner einer der besten Pfade in die Vergangenheit.

- Das zweite Chakra ist orange. Es ist der Pfad zu unseren Grundgefühlen (Angst, Wut, Trauer, Glück und Mitgefühl; vgl. dazu das Kapitel »Die Gefühle als spirituelle Helfer«). Hier sind auch unsere Sexualität und unser Fortpflanzungsdrang angesiedelt. Mit dieser Öffnung fördern wir unsere Sinnlichkeit, Erotik und Kreativität.

- Das dritte Chakra ist gelb und zeigt unsere persönlichen Muster und Ideen und bearbeitet unsere Gefühle und Erlebnisse. Mit diesem Pfad können wir unsere Persönlichkeit entfalten und unbrauchbare Muster weggeben (vgl. dazu das Kapitel »Altes überwinden – Neues erleben«).

- Im vierten – grünen – Chakra sind die Lebensmotivationen Liebe oder Haß (vgl. dazu das Kapitel »Die Gefühle als spirituelle Helfer«) begründet. Hier können wir lernen, uns »mit dem Herzen« einer Aufgabe zu widmen.

- Das fünfte, hellblaue Chakra gibt Auskunft über unsere Kommunikationsfähigkeiten. Mit ihm können wir auch auf unsere inneren Stimmen hören. Dieser Pfad führt uns zu Offenheit und Unabhängigkeit.

- Mit dem sechsten, dunkelblauen Chakra können wir in Sachen hineinsehen und sie verstehen. Dieser Pfad ist derjenige der Erkenntnisse.

- Das siebente, das violette Chakra schließlich ist die Verbindung des Menschen zum universalen Bewußtsein. Dieser Pfad führt den Eingeweihten zu Wissen, Weisheit und Intuition.

Sind Chakren blockiert oder verschmutzt, können sie ihre Aufgaben nicht erfüllen, und die betreffende Person leidet an einem entsprechenden Mangel. Auf Ihrer Wanderung auf den Chakren müssen Sie also die jeweiligen Öffnungen reinigen und vor neuen Verschmutzungen schützen.

Diese Blockaden sind die erwähnten Hindernisse auf Ihrem Pfad ins Zentrum des Medizinrades. Um diese Hindernisse zu überwinden, können wir mit den Chakren arbeiten.

Die Arbeit mit Chakren

Als erster Schritt muß eine Bestandsaufnahme gemacht und die eigenen Chakren müssen kennengelernt werden. Hierzu unternehmen Sie in der spirituellen Welt Reisen in Ihre Chakren.

Unternehmen Sie diese Reise unbedingt im Beisein Ihres spirituellen Helfers. Die Hindernisse auf den Pfaden können sich in beängstigender Form kundtun: Es werden Monster, Schlangen, Spinnen oder sonstige Kreaturen erscheinen. Ihr spiritueller Helfer aber wird Sie schützen und beraten.

Vergleichen Sie Ihre Reise mit derjenigen eines Märchenhelden. Sie sind der Held, der diverse Prüfungen bestehen muß, zum Beispiel das Töten des Drachens (der Drachen symbolisiert ein verunreinigtes Chakra), damit er die Prinzessin heiraten kann (die Heirat entspricht der Reinigung und Heilung). Märchen sind in der Tat oft Schilderungen von Reisen in Chakren.

Vertiefen Sie sich vorerst noch nicht in die jeweiligen Chakren, bemühen Sie sich vielmehr zunächst einmal, ein Gefühl für diesen Pfad zu bekommen und um einen

Eindruck, was für Arten von Hindernissen dort verborgen sind. Notieren Sie Ihre Gefühle und Erlebnisse zu jedem Chakra. Auch hierzu ein persönliches Beispiel zur Verdeutlichung:

Bei einer Reise in mein drittes Chakra flogen mein spiritueller Helfer und ich in einen riesigen gelben Luftwirbel. Wie bei einem Tornado flogen zahlreiche Gegenstände durch die Luft, die sich jedoch so schnell bewegten, daß ich sie nicht erkennen konnte. Mit einem Lasso fingen wir verschiedene davon ein, zum Beispiel einen damaligen Arbeitskollegen oder Großmutters alte Truhe, an der Kopf, Füße und Schwanz eines Krokodils angewachsen waren. – Später mehr dazu.

Nach einer Weile können Sie einen Pfad (Chakra) wählen, der Sie in Richtung Zentrum führt. Suchen Sie hierzu das Chakra aus, bei dem Sie mit Eigenschaften arbeiten müssen, an denen es Ihnen gemäß dem Medizinrad mangelt. Haben Sie Probleme mit Ihren Gefühlen, bietet sich beispielsweise der Weg des zweiten Chakras an, haben Sie Kommunikationsschwächen, so wählen Sie den des fünften. Ist Ihnen unklar, welches Sie zuerst erforschen sollen, treffen Sie eine spontane Entscheidung oder fragen Sie Ihren spirituellen Helfer. Da die meisten Menschen im Verlauf ihrer Wanderung Hindernisse in mehreren Chakren beseitigen müssen, ist ihre Entscheidung nicht von besonderem Gewicht.

Haben Sie ein Chakra ausgewählt, beginnen Sie eine Wanderung gemäß der oben erwähnten Übung. Jetzt müssen Sie sich mit den konkret erscheinenden Hindernissen auseinandersetzen. Einen Teil dieser Hindernisse werden Sie erkennen – da erscheint vielleicht Ihr Chef oder Ihre Eltern –, und Sie können in der physikalischen Welt etwas dagegen unternehmen (z. B. sich von diesen Autoritätspersonen lösen).

Es entstehen jedoch häufig weitere Probleme, denn erstens ist dies einfacher gesagt als getan, und zweitens ist nicht immer klar, was die Blockade bedeutet. Deshalb überwinden Schamanen die Hindernisse direkt in der spirituellen Welt, indem sie die Chakren reinigen.

Reinigung der Chakren

Treten Sie – wie in der vorangehenden Übung dargestellt – in ein blockiertes oder verunreinigtes Chakra ein und treten Sie zu dem zu überwindenden Hindernis, das sich Ihnen beispielsweise in Gestalt eines Monsters mit dem Kopf Ihres Chefs zeigt. Werden Sie sich bewußt, daß Ihnen in der spirituellen Welt alle Methoden zur Überwindung offenstehen, denn hier ist alles möglich. Wählen Sie eine Methode, die wirkt – die einzigen Grenzen, die Ihnen gesetzt sind, sind die Ihrer Phantasie. Ihr Monster können Sie zum Beispiel mit einem riesigen Bagger von Ihrem Pfad schaffen. Oder holen Sie sich ein paar Polizisten, die dem Monster einschärfen, es solle Sie nicht mehr belästigen.

Versuchen Sie Ihre Reinigung möglichst mit einer *positiven* Einstellung zu vollziehen. Erinnern Sie sich hierzu an das zweite Kapitel: Negative Handlungen in der spirituellen Welt können negative Rückwirkungen in der physikalischen haben. Bringen Sie Ihre Monster also nicht gerade um, sondern entfernen Sie sie lediglich. Seien Sie freundlich, aber bestimmt und konsequent.

Wie wir schon oft gesehen haben, werden sich die Veränderungen in der spirituellen Welt mit der Zeit auch in der physikalischen Welt einstellen.

Als Beispiel für eine solche Reinigung möchte ich das vorhin begonnene persönliche Erlebnis fortführen.

Sie erinnern sich, ich sah in einem Wirbelwind verschiedene Personen und Gegenstände. Bei der Reinigung erklärte mein spiritueller Helfer, ich müsse mir überlegen, was es bei den eingefangenen Gegenständen zu überwinden gibt. Zur Unterstützung kommandierte er sie aus dem Wirbel. Die Krokodil-Truhe ging nicht freiwillig; sie mußte vielmehr mit einem Hubschrauber abtransportiert werden.

Haben Sie Ihre Chakren gereinigt, müssen sie vor weiteren fremden Angriffen geschützt werden. Hierzu verwenden Sie wiederum eine spirituelle Bilderwelt. Analog zur Reinigung können Sie Ihre Chakren mit Verbotstafeln, Gittern, Türen oder mit Sensoren ausstatten, die nur Erwünschtes durchlassen. Die physikalische Welt wird mit der Zeit merken, daß sich bei Ihnen nichts Negatives mehr einnisten kann. Mein drittes Chakra schützte ich beispielsweise mit einem großen Gitternetz.

Diesen Prozeß der Reinigung und des Schutzes vollziehen Sie nun weiter: Bewältigen Sie ein Hindernis nach dem anderen, lassen Sie sich Zeit – unter Umständen braucht es Monate und unzählige Reisen in die spirituelle Welt, um hartnäckige Hindernisse zu beseitigen. Trotz Schutzvorrichtung gelingt es gewissen Hindernissen, immer wieder zurückzukehren. Der Aufwand lohnt sich, denn Ihr Körper muß nicht mehr mit Krankheiten reagieren, und Sie werden dadurch viel gesünder und ausgeglichener.

Chakren können nicht nur als Pfade zum inneren Gleichgewicht verwendet werden, sondern auch, um in bestimmten Situationen gewünschte Verbindungen herzustellen. Müssen Sie zum Beispiel einen Vortrag halten, gehen Sie zuvor in Ihr fünftes Chakra (Kommunikation) und stellen dort eine Verbindung zwischen Ihnen und Ihren Zuhörern her. Verwenden Sie hierzu wieder die schamanische Bildersprache: Schaffen Sie zum Beispiel ein Netz blauer Leitungen, welches Sie mit allen Hörern verbindet.

Rekapitulieren wir nochmals den gesamten Prozeß: Das Ziel eines Schamanen ist es, ein inneres Gleichgewicht zu schaffen. Mit Hilfe des Medizinrads unternimmt er eine »Standortanalyse« und entdeckt so die Ursachen seines Ungleichgewichts. Es zeigt ihm auch, in welche Richtung er sich bewegen muß, um Harmonie zu finden. Der Weg dorthin ist jedoch mit Hindernissen versehen, die mit der Reinigung von Chakren, den ins Zentrum führenden Pfaden, überwunden werden können.

Viele Schamanen gehen danach noch einen Schritt weiter: Sie führen diesen Prozeß nämlich nicht nur für sich selbst, sondern auch für ihre Umwelt durch, für ihre Mitmenschen, für Tiere und Pflanzen oder sogar für die ganze Erde. Sie können so an der Heilung ihrer Mitmenschen und ihrer Umwelt arbeiten. Erfolge mit anderen sind aber erst dann möglich, wenn der Schamane auf seinem eigenen Weg sicher genug ist. Üben Sie deshalb vorerst nur an sich selbst; wenn die Zeit reif ist, anderen zu helfen, werden Sie dies merken.

Besinnungspause

Mit diesem Kapitel haben wir das wesentliche Anliegen des Schamanismus verdeutlicht: Die Schaffung des inneren Gleichgewichts.

Das Medizinrad zeigt die Richtung auf, in die Sie gehen können; die Chakren sind Pfade, die zum Ziel führen; alle anderen in diesem Buch beschriebenen Techniken können dazu dienen, Hindernisse auf dem Weg dorthin zu überwinden.

Dieser Weg ins Gleichgewicht ist nicht immer leicht, Sie müssen ihn immer wieder neu suchen, und Sie werden feststellen, daß sich Ihr Pfad von demjenigen anderer Menschen unterscheidet und Sie demnach oft auf sich

selbst gestellt sind. Dafür wird es Ihnen laufend besser-
gehen. Es liegt an Ihnen, zu bestimmen, wie weit Sie
gehen wollen.

Die voranstehenden zweihundert Seiten verstehen sich
als Heran- und Einführung an und in die Welt des Schamanismus, und ich hoffe, daß Sie sie stets mit Respekt
und Umsicht betreten werden. Denn, um es ein weiteres
Mal zu wiederholen, Schamanismus ist kein oberflächli-
ches Gesellschaftsspiel, sondern eine ernstzunehmende
Weltanschauung, die sorgsame Vorbereitung und um-
sichtiges Handeln erforderlich macht. Jede Achtlosigkeit,
jeder Leichtsinn zieht Konsequenzen nach sich.

Wenn Sie all dies beachten und die Lektionen der voranstehenden Kapitel nach und nach verinnerlichen,
dann sind Sie mit Sicherheit auf dem Weg, ein ausgeglichener und glücklicher Mensch zu werden.

Ich möchte nun in einem letzten Kapitel anhand eines
Fallbeispiels die verschiedenen schamanischen Methoden zusammenfassen.

11 Rückschau und Ausblick

Sie haben Kapitel für Kapitel die uralten und mächtigen Methoden des Schamanismus kennengelernt und nun die Möglichkeit, schwer zugängliche Information und zusätzliche Kraft zu erhalten, um so Ihre Ziele schneller zu erreichen. Sie tauchen dabei in die spirituelle Welt ein, eine Welt, in der die einengenden physikalischen Gesetzmäßigkeiten unserer täglichen Umgebung nicht mehr gelten.

Wir haben gesehen, wie dieser Kontakt auf die verschiedensten Arten hergestellt werden kann; rekapitulieren wir deshalb kurz die vorgestellten schamanischen Methoden.

Am bedeutendsten ist zweifelsohne Ihr spiritueller Helfer. Diese Persönlichkeit hat Sie bisher immer begleitet, und ich empfehle Ihnen, auch in Zukunft nie ohne seine Hilfe die spirituelle Welt zu betreten. Wir haben weiter gesehen, wie Sie aus der Natur Hilfe holen und wie Sie bei Bedarf die Zeit oder Ihre physikalische Form verändern können. Da Schamanismus viel mit innerer Kraft und deren Entwicklung zu tun hat, habe ich anschließend gezeigt, wie Sie Neues erlangen können, indem Sie Altes überwinden.

Von den vielen Möglichkeiten, die spirituelle Welt zu kontaktieren, habe ich ferner speziell die Gefühle und

Zeremonien behandelt und gezeigt, wie Sie an Kraftorten auch Hilfe aus der Vergangenheit anfordern
können. Schließlich habe ich das Medizinrad und die Chakren als
mögliche Wege zum inneren Gleichgewicht erläutert.
Versuchen wir anhand eines Fallbeispiels aufzuzeigen,
wie Sie jetzt – nachdem Sie das ganze Buch gelesen haben – ein Problem angehen könnten. Nehmen wir als
Beispiel das viele von uns plagende Problem des Übergewichts.

Zusammenfassendes Fallbeispiel: Überwindung von Übergewicht

Die Überwindung von Übergewicht kann aus allen, in
den einzelnen Kapiteln dargestellten, Blickwinkeln heraus angepackt werden. Im folgenden werde ich Ihnen
zeigen, wie Sie die Information des jeweiligen Kapitels
auf das Problem anwenden können. Falls Sie sich für eine spezielle Methode entscheiden, lesen Sie bitte das
entsprechende Kapitel noch einmal durch; hier fasse ich
lediglich zusammen.
Wie wir gesehen haben, müssen Sie keinesfalls sämtliche Methoden gleichzeitig anwenden, Sie können aber
durchaus mehrere Möglichkeiten miteinander kombi-
nieren. Verlassen Sie sich bei der Wahl hauptsächlich auf
Ihre Neigungen. Fragen Sie sich, welche Technik am meisten Spaß macht.

Spirituelle Reise zur Bestimmung der Gründe für das Übergewicht (Kapitel 3)
Mit Hilfe einer Vision können Sie die Gründe für das
Übergewicht erfahren. Fragen Sie hierzu Ihren spirituel-
len Helfer; er wird Ihnen Bilder zeigen, aus denen Sie

mögliche Gründe ableiten können. Unternehmen Sie mehrere spirituelle Reisen, denn oft besteht nicht nur ein Grund für Übergewicht, sondern mehrere, oder Sie gelangen zu immer tiefer liegenden Gründen.

Mein spiritueller Helfer zeigte mir beispielsweise, wie ich als Säugling hungernd und schreiend in einem Kinderbett lag und mich nach Mutters Brust sehnte. Ich leitete daraus meine Tendenz ab, auch ohne Hunger alles Verfügbare zu essen, denn ich mußte damals immer dann etwas einnehmen, wenn auch tatsächlich etwas vorhanden war. Ich interpretierte diese Situation auch als Mangel elterlicher Liebe und Förderung. Vermutlich esse ich auch nach Jahren noch zuviel, um meinen damaligen Hunger nach Liebe zu stillen.

Die Gründe für Übergewicht sind individuell verschieden: Jemand ißt, um sich zu beruhigen, um schnellstmöglich (Ersatz-)Befriedigung zu finden, um gegen eine Depression anzukämpfen oder als Ausrede, um bestimmte Tätigkeiten nicht ausführen zu müssen. Viele Menschen essen auch, um sich nach spiritueller Tätigkeit wieder zu erden.

Aus den Gründen für das Übergewicht können Möglichkeiten zu dessen Überwindung abgeleitet werden. Hilfreich ist dabei auch eine zusätzliche spirituelle Reise: In meinem Fall mußte ich die nötige Liebe offensichtlich anders als durch Essen erhalten. Während einer Vision schlug mein Helfer vor, dazu vorerst selber mehr zu lieben. Ich solle mein viertes Chakra öffnen und reinigen, dann würde ich wiedergeliebt und brauchte nicht mehr ohne dem vom Körper bestimmten Hunger zu essen.

Unterstützung durch natürliche Helfer (Kapitel 4)
Natürliche Helfer eignen sich vorzüglich zur Unterstützung sportlicher Betätigung, die oft nötig ist, um das Körpergewicht wieder ins Lot zu bringen. Stellen Sie sich

beim Joggen ein Reh, beim Schwimmen einen Fisch oder beim Stemmen von Hanteln einen Bären vor. Holen Sie von diesen Krafttieren die nötige Energie (kalorienfrei!), damit Sie Ihr Training leichter absolvieren können. Aber denken Sie auch stets daran, dabei nicht zu übertreiben! Die Energie darf die Möglichkeiten Ihres – meist untrainierten – Körpers nicht überfordern.

Als weitere Verwendungsmöglichkeit natürlicher Helfer kann überschüssiges Fett mit dem Element Feuer verbrannt werden: Entfachen Sie in der spirituellen Welt ein Feuer und stellen Sie sich vor, Sie würden Ihre Fettzellen (z. B. als kleine Kügelchen dargestellt) verbrennen. Wiederholen Sie dieses Verbrennen während längerer Zeit; allmählich werden Ihre Fettzellen auch in der physikalischen Welt verschwinden.

Veränderung der Körperform (Kapitel 5)

Eine Veränderung der Körperform ist ja genau das, was jeder Übergewichtige anstrebt. Schamanen sind darin Meister: Je nach Situation versuchen sie größer, kleiner, gefährlicher oder unscheinbarer zu werden. Die gleichen Techniken funktionieren auch, um schlanker auszusehen.

Betrachten Sie sich im Spiegel und nehmen Sie sich vorerst so wahr, wie Sie tatsächlich sind. Nun verändern Sie in Ihrer Vorstellung Ihren Körper so, wie Sie ihn gerne hätten. Lassen Sie dabei alle Bedenken wie »Das geht nicht« oder »Das schaffe ich nie« beiseite und konzentrieren Sie sich auf Ihre ideale Körperform. Prägen Sie sich dieses neue Bild von sich sehr gut ein und erinnern Sie sich täglich mehrmals daran. Will sich die alte Körperform durchsetzen, streichen Sie sie in Gedanken sofort mit einem großen X durch. So wird sich mit der Zeit die neue Körperform auch in der physikalischen Welt durchsetzen.

Übrigens: Falls Sie damit Mühe haben, sich selbst schlank vorzustellen, wählen Sie doch hierzu den Körper einer anderen Person. Und bitte – seien Sie nicht enttäuscht: Die Ergebnisse, die Sie in der spirituellen Welt erzielen, wirken sich langsam in der physikalischen aus. Außerdem wird eine kleine, erwachsene Person sicher kein Gardemaß erlangen können, sondern lediglich ein wenig größer werden und vielleicht noch größer wirken – sich gewiß aber besser fühlen.

Platz schaffen: Altes überwinden, Neues erleben (Kapitel 6)
Die Techniken des Überwindens oder Weggebens können sehr gut auf Übergewicht angewendet werden. Wählen wir von den verschiedenen, in Kapitel 6 dargestellten Möglichkeiten eine aus: die symbolische Überwindung.
Fertigen Sie zur symbolischen Überwindung von Übergewicht zwei Zeichnungen an: eine von Ihrem jetzigen Zustand und eine von Ihrem gewünschten Zustand (dies müssen keine genauen Zeichnungen sein; ein dickes und ein dünnes Strichmännchen genügen). Verbrennen und vergraben Sie anschließend die Zeichnung mit der dicken Version (eventuell in Kombination mit einer Zeremonie, vgl. Kapitel 8) und hängen Sie die andere an einem Ort auf, den Sie immer wieder sehen. Statt Zeichnungen können Sie natürlich auch ein dickes und ein dünnes Stück Holz oder einen dicken und einen dünnen Stein wählen.

Wahrnehmung der Gefühle während des Abnehmens (Kapitel 7)
Das Prinzip des 7. Kapitels – körperliche Symptome sind oft ein Resultat unterdrückter Gefühle – kann auch auf das Problem des Übergewichts übertragen werden. Die

spirituelle Welt möchte uns etwas mitteilen, und da dies aber über den Weg der Gefühle nicht funktioniert, reagiert statt dessen der Körper. Um es deutlicher auszudrücken: Falls Sie alle Ihre Gefühle zulassen, werden Diäten und Kalorienzählen mit der Zeit überflüssig, weil die spirituelle Welt nun direkten Zugang zu Ihnen findet. Das ist natürlich einfacher gesagt als getan, und Sie werden, wie schon beschrieben, turbulente Zeiten durchmachen – aber am Ende wird sich Ihr Körpergewicht merklich reduzieren.

Umgekehrt können Sie mit dem Abnehmen auch Gefühle verstärken beziehungsweise auslösen: Fasten verstärkt die Gefühle, wodurch diese besser wahrgenommen werden können. Informieren Sie sich vor dem Fasten durch die einschlägige Literatur und vergessen Sie nicht, diese Technik ist nicht ohne Gefahr! Sie sollten zuvor mit Ihrem Arzt darüber sprechen, ob und welche Art zu fasten für Sie geeignet ist. Beginnen Sie außerdem damit nicht gerade in einer für Sie anstrengenden Zeit (Streß im Büro, bevorstehender Umzug u. ä.), sondern nehmen Sie sich wenn möglich ein paar Tage frei und gönnen Sie sich Ruhe und viel, aber nicht zu anstrengende Bewegung an frischer Luft.

Wie Zeremonien das Abnehmen unterstützen können (Kapitel 8)

Beim Abnehmen verändern Sie einiges: Sie wollen nicht nur Ihrem Körper ein anderes Aussehen geben, sondern müssen auch die Lebensumstände, welche zum Übergewicht geführt haben, ändern. Zeremonien eignen sich sehr gut zur Unterstützung solcher Veränderungsprozesse. Dabei bieten sich Zeremonien an, die schamanische Tanzrituale beinhalten – auch dadurch werden bereits einige Kalorien verbraucht. Hier eine Möglichkeit einer solchen Zeremonie:

- **Überschüssiges Fett abschütteln:** Bestimmen Sie, welches Fett Ihnen an Ihrem Körper lästig ist, ob an den Hüften, den Oberschenkeln oder am Bauch. Tanzen Sie anschließend 15 bis 30 Minuten lang so, als wenn Sie diese unerwünschten Pfunde einfach abschütteln könnten.
- **Fett beseitigen:** Sammeln Sie am Ende des Tanzes das abgeschüttelte Fett symbolisch ein und werfen Sie es aus dem Fenster oder ins Feuer. In der physikalischen Welt sieht dabei natürlich niemand, daß jetzt Fett am Boden liegt, aber in der spirituellen Welt haben Sie sehr wohl etwas verändert.
- **Fettfreie Energie einnehmen:** Stellen Sie sich vor, die Luft um Sie herum bestünde aus lauter Energie. Atmen Sie während fünf Minuten bewußt diese Energie ein. Sie sind damit weniger auf die Energie aus Nahrungsmitteln angewiesen.

Wiederholen Sie diese Zeremonie mehrmals.

Hilfe aus der Vergangenheit: Kraftorte (Kapitel 9)

Ein wichtiges Ziel beim Abnehmen ist, Energie und Kraft zu schöpfen, ohne dabei Kalorien einzunehmen. Kraftorte eignen sich hervorragend als alternative Kraftspender. Sie brauchen dabei nichts weiter zu machen, als periodisch Ihren Kraftort aufzusuchen und sich dort eine Weile (15 – 30 Minuten) aufzuhalten. Lassen Sie sich von Ihrem spirituellen Helfer beraten, ob ein konkreter Kraftort sich auch tatsächlich eignet, denn gewisse Stellen sind energievermindernd.

Wege zum inneren Gleichgewicht:
Das Medizinrad und Chakren (Kapitel 10)

Falls Sie mit Hilfe des Medizinrades und der Chakren dem Weg zum inneren Gleichgewicht folgen, wird sich Ihr Körpergewicht allmählich von allein normalisieren.

Ihr gegenwärtiges Körpergewicht beruht nach diesem Gesichtspunkt auf einem Ungleichgewicht, das es auszugleichen gilt. Sie zielen nicht direkt auf Ihr Übergewicht, sondern auf das Ungleichgewicht, das es zu überwinden gilt. Unsere Gewichtsabnahme ist also eine Nebenerscheinung auf dem Weg zur inneren Harmonie.

Da Sie sich bei dieser Methode nicht direkt auf die Gewichtsreduktion konzentrieren, dauert es möglicherweise lange, bis Sie die gewünschten Pfunde loswerden; es ist nämlich durchaus möglich, daß der Körper zuerst andere, wichtigere Ungleichgewichte korrigiert. Mit anderen Worten: Ist Übergewicht nicht Ihr Hauptproblem, werden sich Gleichgewichte vorerst in anderen Bereichen kundtun; das heißt, vielleicht verschwinden zuerst Magenschmerzen, Kopfweh oder Gallenprobleme, bevor Sie auf der Waage etwas bemerken.

Wollen Sie also gezielt Ihr Gewicht reduzieren, eignet sich ein allgemeiner Pfad Richtung Zentrum kaum, andererseits mag es wichtiger sein, daß Sie andere, vordringlichere Probleme zuerst angehen. Es ist durchaus erlaubt, in einer solchen Situation seine Ziele zu ändern.

Die vorgestellten Techniken sind natürlich bei weitem nicht alle, welche im Verlauf der Jahrtausende entwickelt wurden. Auch ist Ihr schamanischer Pfad – Ihr Weg ins innere und äußere Gleichgewicht – mit diesem Buch bei weitem noch nicht abgeschlossen: Der Weg wird Ihr Leben lang weitergehen.

Tips zur weiteren schamanischen Entwicklung

Wenden Sie den Schamanismus beständig an! Üben Sie die Techniken bei allen anfallenden Problemen. Lassen Sie sich nicht entmutigen, wenn es einmal nicht klappt und – vor allem – messen Sie sich nicht sofort an den spektakulären Handlungen berühmter Schamanen; diese haben Jahrzehnte geübt, bis Sie das Wetter verändern oder aus verschlossenen Zellen entkommen konnten. Die Ausbildung eines Lakota-Schamanen dauerte beispielsweise 16, diejenige eines Druiden 20 Jahre.

Sie werden auf die verschiedensten Arten weiteres dazulernen. Wichtige Lehrer finden Sie in der spirituellen Welt: beispielsweise Ihr spiritueller Helfer, Schamanen aus früheren Zeiten oder Krafttiere. Auch in der physikalischen Welt können Ihnen viele Leute weiterhelfen. Meiden Sie aber Lehrer, die zuviel Gewicht auf bestimmte Techniken legen, einen Personenkult treiben oder Ihnen Ihre schamanische Freiheit entziehen wollen – geraten Sie also niemals in Abhängigkeit! Denken Sie auch daran, daß man gute Schamanen nicht gleich als solche erkennt: Ein Schamane muß nicht einem traditionellen Indianer oder einem Kelten gleichen. Seien Sie also gegenüber auffällig gekleideten oder geschmückten Menschen auf der Hut.

Sehr viel schamanisches Wissen kann auch aus Büchern entnommen werden. Lassen Sie sich in guten Buchhandlungen bei der Auswahl der Bücher durch Ihre Intuition oder Ihren spirituellen Helfer leiten. Sie kommen so schneller an die für Sie wichtigen Informationen.

Lassen Sie sich bei der Anwendung schamanischer Methoden nicht durch Leute entmutigen, die behaupten, Europäer hätten kein Recht, schamanische Methoden anzuwenden, da die »weiße« Kultur dazu ungeeignet sei. Die heute bekannten Techniken wurden zwar von »ursprünglichen« Kulturen übernommen, sie funktionieren aber bei allen Menschen, egal aus welcher Kultur oder Rasse sie stammen.

Wenden Sie Ihr schamanisches Wissen vorerst auf sich selbst an; arbeiten Sie erst dann mit anderen, wenn Sie wirklich gut geübt sind, und das wird sicher einige Jahre dauern. Andere Menschen zu heilen braucht Kraft: Damit Sie selber nicht an Energie verlieren, müssen Sie zuerst lernen, die Kraft der spirituellen Welt auf andere zu kanalisieren, ohne selber Verluste zu erleiden.

Im Verlauf meiner eigenen schamanischen Tätigkeit ist mir aufgefallen, wie stark mein Leben an Intensität gewonnen hat. Dies ist zwar sehr spannend, führt aber mitunter zur Erschöpfung. Planen Sie deshalb genügend Zeit für Entspannung ein, auch wenn die spirituelle Welt gerade besonders mitreißend ist.

Nun mag es durchaus so sein, daß Sie das Gefühl haben, daß der Schamanismus nichts für Sie ist und Sie lieber in der physikalischen Welt bleiben. Auch das ist in Ordnung. Denken Sie daran, alle Menschen müssen Ihren eigenen Pfad gehen, und für manche ist der Kontakt mit der spirituellen Welt nicht oder noch nicht geeignet. Schamanismus ist nur einer von vielen Pfaden, andere sind genausogut. Schamanismus ist dann richtig, wenn Sie damit Erfolg haben und er Ihnen Spaß macht.

Schlußwort

Sie wissen nun, daß alle spirituellen Ansätze, ganz gleich wie verschieden sie sein mögen, ein gemeinsames Ziel anstreben, nämlich das des inneren Gleichgewichts und beständiger Harmonie.

Ihr Leben gleicht einer Fahrt. Sie besitzen eine Werkzeugkiste (den Schamanismus) und einzelne Werkzeuge (die vorgestellten Techniken). Unterwegs müssen Sie Hindernisse umfahren oder überwinden, Pannen reparieren oder den richtigen Weg suchen.

Je nach Situation wählen Sie die geeigneten Werkzeuge aus, manchmal ist dies eine Seilwinde (ein Krafttier), manchmal ein Schraubenschlüssel (eine Zeremonie) und manchmal eine Karte (ein Medizinrad). Ab und zu müssen Sie auch Energie tanken (Kraftort) oder sogar das Fahrzeug wechseln (Altes überwinden).

Es ist eine abenteuerliche Fahrt; genießen Sie sie, sammeln Sie Erfahrungen, halten Sie ab und zu inne und schauen Sie, wie weit Sie schon gekommen sind.

Ich wünsche Ihnen dabei viel Glück und Erfolg!